호주 선교사
찰스 맥라렌

한호선교 130주년 & 영등포산업선교회 60주년 기념도서
호주 선교사 찰스 맥라렌

2019년 6월 20일 초판 1쇄 인쇄
2019년 6월 27일 초판 1쇄 발행

저 자 | 에스몬드 뉴 · 찰스 맥라렌
편역자 | 양명득
발간인 | 이성철 · 이진숙 · 진방주
발간처 | 진주남노회 · 진주노회 · 영등포산업선교회
주 소 | 서울시 마포구 월드컵로 163-3
전 화 | (02)335-2630
전 송 | (02)335-2640
이메일 | yh4321@gmail.com
블로그 | https://blog.naver.com/dong-yeon-press

Copyright ⓒ 영등포산업선교회, 2019
Korean Publication
The 130th Anniversary of Australian Mission in Korea
Title: An Australian Doctor in Korea - Charles I. McLaren
Author: Esmond W. New & Charles I. McLaren
Publisher: Bang Joo Chin
Editor & Translator: Myong Duk Yang
Publication: Yeong Deung Po Urban Industrial Mission

ISBN 978-89-6447-494-5 03200

An Australian Doctor in Korea, Charles I. McLaren

호주 선교사
찰스 맥라렌

에스몬드 뉴 · 찰스 맥라렌 지음
양명득 편역

**한호선교 130주년 &
영등포산업선교회 60주년 기념도서**

동연

머 리 말

에스몬드 뉴는 우리가 알았던 것을 영광스럽게 생각하는 한 사람의 생애에 관하여 스케치를 해주고 있다. 이 글은 비록 짧은 내용이지만, 그러나 진실된 글이고 다소 신비스럽고 매우 특별한 한 남자의 모습에 관한 진정한 개요를 전하고 있다. 그 남자에 관하여 개요의 형식으로 쓴 것은 아마 최고의 방법인 것이, 그 사람은 자신을 우리에게 순간순간만 보여주었기 때문이고, 그러나 우리가 아는 것은 이것이 비이성적인 돌발이 아니라 생명의 하나님에 근거하는 개성을 표현한 것이다.

우리는 찰스 맥라렌을 항상 이해하지는 못하였다. 아마 그도 자신이 표현하고자 하는 모든 심오한 내용을 전적으로 이해하지 못하였을 것이다. 그의 습관이 깊이 사색하는 것임을 우리는 알고 있고, 때로는 영원에 관한 것이어서 말로 하기에는 너무 깊은 내용이었다! 그의 강점은 확실한 것들이 그의 생활을 지배하였다는 것이다.

첫째는 우주와 모든 법의 통치자이신 하나님이고, 둘째는 하나님은 자신을 예수 그리스도를 통하여 세상에 오심으로 인간들로 하여금 죄와 잘못으로부터 자유 되어 기쁨과 생명을 경험하게 한 것이다. 한번은 프랑스에서 폭탄이 터져 흙더미에 묻힌 적이 있었고, 일본 경찰에 잡혔을 때는 정말 생명을 위협받기도 하였다. 이런 경우에 그는 다만 자신의 영혼을 하나님께 위탁하였으며, 그가 남긴 기록을 보면 그는 당황하지 않았고 문제가 무엇이든지 그를 향한 하나님의 뜻이 이루어지며 결국엔 잘될 것이라는 인내하는 신뢰를 가졌다.

그는 신앙에 관하여 이론화하였을까? 그렇다. 매우 종종 시도하였다. 그러나 하나님을 향한 그의 결단은 매우 실제적이어서, 필연적으로 하나님의 영광이 그의 생과 동료들을 향한 그의 태도에서 드러났다. 대학생이든지, 버려진 문둥병 환자든지, 억압받는 노동자든지, 버려진 아이든지 그들 모두에게 그는 그리스도의 사람이었고, 그의 생활은 그의 주님을 세상에 알리는 것이었다. 그리하여 그는 그가 사색하였던 영원한 그 무엇을 나누었다.

이런 사람의 생애를 읽을 수 있도록 이 책을 쓴 전기 작가에게 우리는 빚을 지게 되었다.

조지 앤더슨
(호주장로교 선교부 총무)

저 자 의 글

이 책은 그를 알던 모든 사람에게 사랑을 받던 한 사람의 진실된 이야기이다. 이것은 또한 한 나라와 관련되어 있는데, 호주인들이 살았고, 일하였고, 사랑하였고 그리고 후에는 이곳에서 다수가 싸우기도 하고 사망하기도 한 곳이다.

이 요약된 이야기는 적은 내용을 전달하지만, 만약 사람들이 우리 친구 찰스 맥라렌과 같이 비이기적이고 영웅적으로 자원 봉사하며 산다면 그 목적을 달성하는 것이다.

이 전기를 엮을 수 있도록 도움을 준 여러분들에게 감사를 전한다. 제시 맥라렌, 메리 매터슨, 마조리 홈스, 캐쓰 리체, 도로시 베이커, 조지 앤더슨 그리고 제임스 스터키이다. 잭 뉴남은 표지를 디자인하였고, F. W. Cheshire 회사는 편집 자문을 주었다.

에스몬드 뉴
(호주 선교사, 마산, 1934~1939)

축 하 의 글

　필자가 진주에서 목회할 때에 호주 선교사들의 사역에 대하여 많은 관심을 가졌었다. 그중 호주 선교사가 설립한 배돈병원에 관하여 알아보고, 그 자세한 배경을 연구하기도 하였다. 지금은 없는 배돈병원의 예전 사진도 찾아보고, 있었던 자리에도 가보고 하였으나 그 후 부산으로 오게 되었다. 이제와서 배돈병원 원장이었던 찰스 맥라렌의 책 출판을 위하여 추천사를 쓰게 되니 참 감격스럽다.

　근 100년 전, 모든 것이 열악한 지방의 소도시에서 주님의 사랑으로 가난한 사람들에게 의술을 베풀어주신 호주 선교사들에게 늦게나마 진심으로 머리 숙여 감사를 드린다. 인술을 베푼 사람도 잊혀가고 병원도 자취가 사라졌지만 그들의 숭고한 정신은 여전히 우리들의 가슴에 살아있다.

　올해 총회 한호선교 130주년 기념위원회에서는 기념 예배와 상호방문 등 다양한 행사를 준비하고 있다. 물론 호주 선교사들의 헌신과 공헌을 기억하고 그것으로 인하여 하나님께 감사드리며, 또한 오늘날 호주교회와의 선교동역 관계가 어떤 모습이 되어야 하는지 그리고 어떤 내용의 선교활동이 지속되어야 하는지 깊이 기도하고 토론하는 기회도 있을 것이다.

   본 도서를 발행한 영등포산업선교회, 진주노회, 진주남노회 그
리고 기획과 편역을 맡아준 양명득 선교동역자께 감사드린다.

                                 김태영 목사
        (대한예수교장로회 통합 부총회장, 백양로교회 당회장)

곧은 생각이 담긴 보석상자

한호선교 130주년 기념도서 『호주선교사 찰스 맥라렌』을 통해, 맥라렌 선교사를 가까이 만날 수 있게 되어 기쁩니다.

그가 조선 땅에 머문 27년 동안 의료선교사로서 어떤 일을 했는가도 중요하지만, 그가 그런 사역을 감당하면서 어떤 생각을 했는지가 어쩌면 더 소중할지도 모르겠습니다.

맥라렌 선교사의 곱고 곧은 생각이 담긴 이 보석상자가 선교적 삶을 추구하는 이들에게 좋은 선물이 되리라 믿습니다.

또한, 꿋꿋이 신사참배를 반대하다가 투옥되고 추방된 그의 신앙결기는 삼일운동 100주년을 살아가는 이들에게 큰 격려가 될 것이 분명합니다.

이 좋은 책이 나오도록 애쓰신 모든 분들께 감사드리며 하나님께 영광 돌립니다.

주현신 목사

(과천교회 담임, 한호선교 130주년 기념행사 준비위원회 위원장)

추 천 의 글

찰스 맥라렌(Charles Inglis McLaren 1882~1957) 교수는 1911년 같은 선교 의지를 가진 부인 제시와 함께 한국에 온 호주장로교 의료선교사로서 그리고 한국 최초의 신경정신과 전문의로서, 일제에 의해 강제 추방될 때까지 32년간 한국에서 의료선교사로서 그리고 세브란스의학교에서 신경정신과 교수로 사역하였다. 한국교회에서 그는 한국 이름으로 마라연(馬羅連)으로 널리 알려져 있다.

맥라렌은 19세기 말, 스코틀랜드 출신 해외 선교사의 아들로 일본에서 태어났으며, 호주에서 자라는 동안 9세 때 한 부흥집회에서 감명을 받고 자신을 하나님께 바치기로 결심하였다. 14세 때 어떤 기독교 학생 집회에 참석하여 들었던 설교에 감명을 받고 해외 선교사가 되기로 결심하였다. 그리고 멜본의대에서 의학을 공부하던 21세 때 그는 "나의 목표는, 하나님께서 허락하신다면, 해외선교사가 되는 것이다"(It is my purpose, if God permit, to become a foreign missionary)라는 학생 자원(Student Volunteer) 선언문에 서명하고, 의료선교사로서 한국에 가기로 결심하였다.

그는 명문 오몬드칼리지와 멜본의과대학을 졸업하고 스타웰 경(Sir Stawell, MD)이라는 명망이 높은 교수 아래에서 체계적인 교육과 수련을 받은 전문의였을 뿐 아니라, 풍부한 기독교 지식과 깊은 신앙 수준을 지닌 의학 철학자였다.

1911년 한국으로 와서 진주 배돈병원에서 의료선교사로 일하면서 1913년부터 세브란스의학전문학교 겸임교수로서 신경정신의학과 소아과학 등을 가르치다가, 1923년 세브란스 신경정신의학교실을 창설하고 전임교수로서 임상, 교육 연구 그리고 많은 사회 봉사활동에 전념하다가, 신사참배 문제로 1942년 일제에 의해 한국에서 추방되었다.

맥라렌은 기독교인으로서 그리고 정신과 의사로서 그가 자신에게 맡겨진 한국 선교에 있어, 한국과 한국인을 사랑하고, 한국의 한국 젊은이들의 가능성을 믿고 영국의 정신의학, 비엔나의 정신분석, 정신치료 그리고 영적 접근에 대해 열성적으로 가르쳤으며, 정신질환에 대한 깊은 이해를 바탕으로 한국인 환자를 헌신적으로 돌본 실천적 사상가였다. 그리고 많은 논문을 호주와 중국의 의학 잡지에 출판하였다. 그는 한국에서 겪은 모든 고통스러웠던 것도 하나님의 은총이었으며 특권이었다고 생각했다. 그는 기독교 신앙에 근거하여 한국인들이 일본의 압제에 굴복하지 말고 신사참배를 거부하라고 역설한 소수의 선교사들 중의 한 분이었다.

그의 열정적인 정신, 고집스러운 신앙, 깊은 통찰, 방대한 글쓰기 그리고 그의 영혼의 순수함을 생각할 때, 그는 특별한 정신의 소유자였다. 특히 그의 투명하고 열정적인 신앙고백(My Beliefs)은 말할 것 없고, 정신장애의 발생에 있어 인류 사회의 "죄" 문제, 즉비도덕성에 그 궁극적 책임이 있다는 거침없는 논리의 전개, 정신질환자에 대한 기독교회의 책임을 설득하는 열정 등은 그가 그 순간 어떤 초월적 경지에 들어 있는 것처럼 보였다.

그의 부인 제시 맥라렌(1883~1968)의 활동도 눈부시다. 그녀는 대학생 때 맥라렌과 같은 학생신앙운동의 멤버로 그와 같이 활동하다가 선교사로 평생을 같이하기고 결심하고 결혼하였다. 그녀는 남편을 도와 한국의 진주와 서울에서 선교사로 일했다. 특히 한국인 고아 셋을 양녀로 키워 결혼까지 시켰다. 서울에 와서는 이화여전에서 영어와 성경을 가르치며 새 교정을 디자인하기도 했다. 그녀는 한국의 YWCA 창립 등 여성운동을 도왔다. 또한 그녀는 영국 왕립학회 사서 자격으로 한국 골동품을 수집하고, 옛 경주에 대한 역사, 풍물 지리지인 『동경잡기』(東京雜記)를 영역하는 등 한국을 영어권에 소개하는데도 많은 공헌을 하였다. 그녀의 업적은 캔버라에 있는 호주국립도서관(National Library of Australia)에 '맥라렌 휴만 콜렉션'(McLaren-Human Collection)으로 보존되어 있다.

본인은 2013년 『말씀이 육신이 되어 ― 맥라렌 교수의 생애와 사상』을 저술하여, 그의 신앙고백, 선교 의학 사상, 의학 철학, 신경정신의학뿐 아니라 부록으로 그의 독특한, 역동적 영성 정신치료학 등의 사상을 자세히 소개한 바 있다.

나는 이제라도 그의 신앙과 사상과 그의 실천은 널리 알려져야 한다고 믿는다. 그의 탁월한 지적 능력, 열정적 신앙, 왕성한 활동,

많은 글쓰기 그리고 신비롭기까지 한 의학철학 사상 그리고 영성은 계승, 발전되어야 한다.

이번에 양명득 목사님이 번역한 맥라렌 교수의 육필은 그가 얼마나 신앙이 철저하고, 그에 기초한 일본 군국주의 비판정신이 얼마나 투철한지 그리고 그가 얼마나 한국인들을 사랑하고 특히 위대한 신앙과 사랑을 보여준 한국인 순교자들에 대한 존경이 얼마나 컸는지를 생생히 보여준다.

이 책들이 널리 읽혀져 그의 신앙을 본받는 한국인들이 많이 나오기를 기도한다.

민성길

(연세대학교 의과대학 명예교수,

『말씀이 육신이 되어 — 맥라렌 교수의 생애와 사상』 저자)

발 간 사

　찰스 맥라렌 선교사는 부인 제시 맥라렌 선교사와 함께 1911년에 한국에 온 호주장로교 의료선교사입니다. 한국 최초의 신경정신과 전문의로서 32년간 한국에서 의료선교 활동을 하였습니다,

　그는 멜본의과대학을 졸업한 훌륭한 전문의로서 1911년 한국에 와 진주 배돈병원에서 의료선교사로 일하기 시작하여, 2대 원장을 역임하였습니다. 1913년부터 세브란스의학전문학교 겸임교수로서 일하다가 1923년 세브란스 신경정신의학교실을 창설하고 교육 및 많은 사회봉사 활동을 하였는데, 신사참배문제로 1942년 일제에 의해 한국에서 추방되었습니다.

　그의 부인 제시 맥라렌은 남편을 도와 진주와 서울에서 선교사로 일하였습니다. 한국인 고아 셋을 양녀로 키웠으며, 이화여전에서 영어와 성경을 가르쳤고 한국의 YWCA 창립 등 여성운동을 도왔습니다. 풍물 지리지 『동경잡기』(東京雜記)를 영역하는 등 한국을 해외에 소개하는데 많은 공헌을 하였습니다.

　한호선교 130주년을 기념하는 뜻깊은 해에 진주남노회와 진주노회는 호주 선교사들과 함께 일해 온 영등포산업선교회와 더불어 공동으로 본 도서를 출간하게 되어 영광입니다. 맥라렌의 신앙과

선교사역 글들이 한국어로 번역되어 출판하게 되었음을 기쁘게 생각합니다.

호주 선교사 맥라렌의 그 순수한 신앙과 열정이 한국에서의 선교사역과 그의 삶으로 실천되었는데, 이 책을 통하여 오늘날 한국 젊은이들과 신앙인들에게 많은 도전을 주리라고 확신합니다. 한호 선교 130주년을 기념하여 선교사의 헌신에 감사하며, 우리의 안일한 신앙생활을 다시 돌아보는 계기가 되고, 하나님의 나라가 더욱 확장되는데 밑거름이 되기를 소원합니다.

2019년 3월 진주남노회 회관에서

이성철 목사(진주남노회 노회장)

발 간 사

   올해 호주의 한국선교 130주년을 맞아 영등포산업선교회는 진주노회, 진주남노회와 함께 기념사업의 일환으로『호주 선교사 찰스 맥라렌』을 출간하게 되었다.

   찰스 맥라렌(한국명 마라연)은 1911년 아내 제시와 함께 의료선교사로서 파송되어 역시 호주 의료선교사인 커를에 이어 진주의 배돈병원의 2대 원장으로, 또 세브란스병원 정신의학과 초대교수로 사역한 분이다.
   스코틀랜드 출신 선교사의 아들로 일본에서 출생한 맥라렌은 호주에서 성장기를 보내는데, 학생 시절 일찍 해외선교사로 헌신할 결단을 내린다. 멜본의과대학을 졸업한 후 전문의로 한국선교의 길에 들어선 그는 내한 후 진주 배돈병원 사역과 함께 1913년부터 세브란스의학전문학교 교수로서 신경정신의학, 소아과학 등을 교수하다 1923년엔 세브란스 신경정신의학교실을 창설하여 많은 환자를 치료함과 동시에 후진을 양성하였다. 신사참배문제로 1942년 일제에 의해 한국에서 추방될 때까지 그는 한결같은 마음으로 한국인을 사랑하여 의료선교 사업과 후진 양성에 매진하였다.
   맥라렌의 한국에 대한 열정적 사랑은 여러 방면에서 드러나는데, 선교사로서의 사역은 물론이거니와 한국 의학 특히 정신의학 교수로서 한국 정신의학계에 미친 영향은 대단한 것이었다. 그뿐 아니라 맥라렌은 일본 군국주의 지배를 통렬하게 비판하며 일본의 압제에 항거하라고 역설하였다. 결국 이것이 그가 한국에서 추방당한 빌미가 되었지만 그의 올곧은 '실천적 양심'을 엿볼 수 있는 대목이다. 또한 맥라렌은 많은 글을 남긴 사상가이기도 하다.

우리 신앙이 개인의 삶의 영역뿐만 아니라 사회적 관계 속에서 정의와 인자로 표현됨이 마땅할진대, 전혀 이에 미치지 못하는 한국교회 현실 가운데 이같이 뛰어난 실천적 사상가이자 의료선교사였던 찰스 맥라렌의 삶과 사상을 되새겨보는 기회가 될 줄 기대하며 기쁜 마음으로 발행의 글을 쓴다.

2019년 3월 진주에서

이진숙 목사(진주노회 노회장)

발 간 사

영등포산업선교회는 1965년부터 호주선교부와 선교 동역을 하고 있습니다. 호주선교부는 일본제국주의 하에서 부산과 경남지역 선교에 심혈을 기울이다가 신사참배 강요에 항의하여 선교부를 철수하고, 해방 후 새롭게 선교를 시작하여 영등포산업선교와 동역하면서 그동안 리차드 우튼 목사, 스티븐 라벤더, 앤서니 도슨, 임경란, 데비 카슨, 엘렌 그린버그, 로한 잉글랜드에 이어 현재 양명득 목사가 협력하고 있습니다. 호주교회의 선교 동역은 현지 교회를 존중하며 요구에 부응하는 형태로 진전되어 왔고, 이는 한국교회의 해외 선교와 에큐메니칼 동역을 하는데 하나의 모범이 되고 있습니다.

영등포산업선교회는 60주년 기념으로 거이득(Edith A. Kerr)과 안다손(George Anderson)에 의한 호주 빅토리아장로교회 한국 선교보고서인『호주장로교 한국 선교 역사(1889-1941)』를 발간하였습니다. 그동안 한국교회 초창기 선교 역사는 미국장로교 중심으로 소개되었습니다. 호주장로교의 선교 역사가 소개됨으로 부산·경남지역의 선교 역사를 복원하는 새로운 전기가 되었습니다.

이번에 한호선교 130년과 영등포산업선교회 60주년을 기념하여 진주지역과 서울에서 선교를 하였던 맥라렌(Charles McLaren, 한국 이름 마라연) 선교사를 소개하게 되었습니다. 마산에서 활동하였던 뉴(Esmond W. New, 한국 이름 유영완) 선교사가 지은 "찰스 맥라렌 이야기"와 맥라렌 선교사의 "일본 경찰구치소에서의 11주"와 "그들은 신앙을 지켰다", "나는 믿는다", "한국 어느 병원에서의 토요일 오전 일과"(연세대 의대 여인석 교수 번역)를 번역하였고, 부인인 제시 맥라렌(Jessie McLaren)의 글 두 편도 번역하였습니다.

찰스 맥라렌은 한국 정신의학의 선구자입니다. 그는 진주의 배돈병원 원장을 지냈을 뿐더러, 서울 세브란스병원에서 초대 정신의학을 교수하며 후학을 배출했던 호주장로교 선교사입니다.

찰스 맥라렌은 인간을 영적 존재로 보아 정신장애의 원인을 영적인 문제로 보고 있습니다. 정신장애의 원인을 신체적 원인과 정신적 원인, 사회적 원인으로 나누어 진단하면서 역동적 영성 정신치료를 제시하며 정신장애의 치료를 영적 원인에 따른 영적 치료방법에 대한 이론을 전개하고 적용하고 있습니다. 기독신앙을 가진 정신과 의사로서 정신분석에서 무의식보다 하나님과의 영적 관계인 믿음을 더 중요시하고 있습니다. 영적 존재로서의 인간의 전인적인 회복을 적용하고 있고, 예수님의 치유 능력을 믿으며 치료하였습니다.

이번에 특별히 한국 정신의학의 선구자인 맥라렌 선교사에 대한 책을 진주지역 노회와 교회들과 함께 한호선교 130주년을 기념하며 발간하게 됨을 기쁘게 생각합니다.

1889년 데이비스 목사가 부산에 도착한 이후 1900년 엥겔 목사가 부산진 교회에 부임하고, 1905년 커를 박사(거열휴 선교사) 부부가 진주선교부를 개원합니다. 1906년에는 커를 부부가 진주에 초등학교(이후 광림학교와 시원학교로 명명)를 설립하고, 1910년 10월에 진주에 베돈기념병원 건축을 시작합니다. 그리고 1911년 10월에 맥라렌 부부가 진주에 도착합니다. 이미 진주지역에는 거열휴 선교사에 의해 진주교회(1905년)가 시작되었고, 그후 하동읍교회(1908년), 악양교회(1908년), 반성교회(창촌교회, 1908년), 송백교회(1908년) 등이 창립되었고, 진주동산교회(1909년)가 창립된 후 아더 윌리엄 알렌 선교사와 협력합니다. 남해에서는 거열휴 선교사에 의해 창선교회가 1909년 시작되었고, 함안에서는 왕길지 선교사(부봉교회, 함안읍교회, 백산교회)와 손안로 선교사(사촌교회, 군북교회), 함양에는 심익순 선교사에 의해 안의교회와 함양교회가 창립되고, 거창에는 심익순 선교사를 통해 개명교회(1904), 가조교회(1906년), 팔산교회(1908년) 등이 창립됩니다. 통영에서 손안로 선교사는 충무교회(1905년), 회화교회(1907년), 미수교회(1907년), 고성교회(1908년), 사등교회(1909년) 등이 한국인들과의 동역을 통해 진주노회와 진주남노회 지역교회들이 세워져 예수 그리스도의 복음이 꽃을 피워 나가게 됩니다.

바라기는 경남지역의 역사적 중심이었던 진주지역의 교회들이 진주노회와 진주남노회가 앞장서고 진주지역 교회들이 협력한 맥라렌 선교사에 대한 출판을 넘어, 진주지역 교회들의 뿌리였던 호주장로교 선교역사 기록들을 발굴하고 복원하여, 호주선교사들의 선교정신을 되살려 나가기를 기도합니다. 진주지역 교회들이 진주

시를 비롯한 경남지역 지방정부들과 협력하여 진주지역의 근대 역사 과정에서 함께했던 호주선교사들의 뜻을 기리고, 근대 역사 유적들을 복원하고 기념하며, 그들을 통해 보여주었던 하나님의 역사하심을 찬양하며, 부흥 발전한 한국교회들이 호주선교부와 함께 아시아 태평양의 가난한 사람들과 교회들에게 새로운 희망과 꿈을 만들어나가는 동역관계로 발전되어 나가기를 소망합니다.

이번에 본 도서를 발행하는데, 함께 해 주신 진주노회와 진주남노회에 감사드립니다. 또한 총회 김태영 부총회장과 백양로교회의 지원에도 감사드립니다. 추천의 글을 써 주신 연세대 의과대학 민성길 명예교수께도 감사드리며, 독자들에게 민 교수께서 쓴 『말씀과 육신이 되어 - 맥라렌 교수의 생애와 사상』 책도 추천합니다.

이번 책을 발간하는데 번역과 편집의 지루하고 고된 작업을 기쁨으로 감당하고 있는 호주교회 선교동역자인 양명득 목사께 감사드리며, 앞으로도 호주교회의 한국교회와의 선교동역관계 역사자료들이 이분을 통하여 번역 보급되어 한국교회 역사가 더욱 풍성해지기를 소망합니다.

항상 영등포산업선교회 및 실무자들과 동행 하시며, 함께하여 주시고, 나아갈 길을 앞장서서 인도하여 주시는 성령 하나님께 감사드립니다.

진방주 목사

(영등포산업선교회 총무)

편 역 자 의 글

1941년 말 일본의 진주만 공격 전후로 호주장로교 총회와 한국에 남아있는 선교사들과의 교신이 끊어졌다. 보낸 편지도 반송되었고, 다른 연락할 방법이 없었던 것이다. 호주 정부 외교부를 통하여 한국에 남은 5명의 선교사 안부를 묻고 있었는데, 1942년 초 외무부에서 연락이 왔다. 찰스 맥라렌 선교사가 일본 경찰에 구금되었다는 소식이었는데, 부에노스아이레스에 있는 영국대사관에서 메시지를 받았다는 것이다. 한국에 많은 애정을 가지고 선교해 왔던 멜본의 여선교연합회 회원들에게 크게 암울한 소식이었다.

당시 맥라렌이 일본 경찰 감옥에서 경험한 그 내용이 본 도서에 포함되어 있다. 이 책자의 초본은 당시 호주에서 빠르게 1,000부가 팔려 나갔다. 신학자이자 의학자 그리고 철학가인 찰스 맥라렌 선교사는 많은 글을 남겼고, 주옥같은 그의 글이 아직 많이 번역되지 못하고 있다. 본 도서에 실린 글들은 주로 신앙적이고 선교적인 글만을 발췌하여 한권의 책으로 편집한 것이다. 본 도서가 잊혀진 찰스 맥라렌 부부의 헌신과 업적을 기억하고 그들의 선교 정신을 계승하는 또 하나의 계기가 되기를 기대한다.

올해는 한호선교 130주년을 맞는 해이다. 호주선교부는 특히 당시 도청소재지가 있는 경상남도에서 가장 컸던 진주에 많은 애정을 가지고 선교사를 파송했다. 진주의 첫 교회들 설립은 물론, 경상도의 첫 서양식 병원인 배돈병원을 설립, 운영하였고, 시원여학교와 광림학교를 시작하여 교육 사업을 펼쳤으며, 신분차별정책 반대운동, 공창폐지운동 그리고 신사참배 반대운동도 호주 선교사들이 앞장을 선 곳이 진주이다. 금번에 진주노회와 진주남노회가 호주선교를 기억하며 본 도서를 공동으로 출판한다는 그 자체가 큰 의미를 지닌다.

본 도서를 출판하는데 있어서 영등포산업선교회 진방주 총무의 도움이 크다. 필자는 진 총무가 운전하는 차를 타고 진주, 통영, 마산, 거창 등을 다니며 호주선교 관련 장소를 방문하기도 하고 자료를 수집할 수 있었다. 그는 스스로 찰스 맥라렌의 신학에 큰 관심을 가지고 있고, 인간 정신문제는 결국 신앙문제라고 여기고 있기도 하다. 진방주 목사의 계속되는 지원에 깊은 감사를 드린다.

양명득 목사
(호주 선교 동역자)

차 례

찰스 맥라렌(Charles I. McLaren, 한국명: 마라연馬羅連)

찰스 맥라렌 연보

1882년	일본 출생
1906년	호주 멜본 의대 졸업
1910년	의학박사 학위 취득
1911년 9월	빅토리아장로교 파송 한국선교사
1911년 9월 29일	한국도착, 진주 배돈병원에서 의료사역 시작
1913년	세브란스 출강 시작
1917년	일차세계대전 참전
1919년	종전으로 제대, 호주로 귀향
1920년 4월	진주 배돈병원으로 귀환
1923년	세브란스병원 신경정신과 창설, 교수로 임명됨
1939년	진주 배돈병원 귀환
1941년 12월 8일	진주경찰서 11주간 구금
1942년 2월 23일	석방되어 수개월간 부산에서 연금생활
1942년 6월 2일	호주로 추방, 백호주의와 맞서 투쟁
1957년 10월 9일	사망

1장

한국의 의사,
찰스 맥라렌 이야기

A Doctor in Korea:
The Story of Charles McLaren, M. D.

Esmond W. New

Published by
The Australian Presbyterian Board of Missions
(Sydney: Australia, 1958)

위대한 전통

1875년 가을, 영국 에딘버라의 대법원과 인접해 있는 사무실에서 두 명의 남자가 앉아 이야기를 나누고 있었다. 한 명은 나이가 든 법원 판사 쉔 경이고, 또 한 명의 남자는 기민하고, 얼굴이 밝고, 매력적인, 의문의 여지가 없는 법률 전문직의 젊은이였다.

"맥라렌, 오늘 오후 당신이 국회의사당에서 받은 칭송을 나는 칭찬하고 싶습니다"라고 판사는 말하였다.

"미국은 거대한 나라입니다. 아버딘의 얼의 죽음에 관한 정체와 배경을 추적하는 일은 쉽지 않았을 것입니다. 이 어려운 작업을 훌륭히 수행한 당신이 큰 칭찬을 받을 가치가 있다는 것에 나는 동의합니다."

"판사님, 별일 아니었습니다." 맥라렌이 대답하였다.

"지난 몇 년 동안의 공부와 일에서부터 벗어난 그 여정이 저는 정말 즐거웠습니다."

"이제 별로 재미없는 에딘버라의 일상으로 돌아왔는데, 앞으로 당신은 무엇을 할 계획입니까?" 판사가 질문하였다.

"아직 잘 모르겠습니다. 그러나 해외 경험을 좀 하고나니, 또 해외로 나갈까 하는 생각이 듭니다."

"해외로!"

판사는 깜짝 놀랐다.

"친애하는 맥라렌, 당신이 이곳에서 가지고 있는 좋은 기회를 낭비하지 않기를 바랍니다. 당신과 같이 능력 있는 사람은 언젠가 스코틀랜드 대법원의 판사가 될 수 있을 것이라고 나는 약속할 수 있습니다. 당신의 학문적 자격이 어떤지 말해보세요. 물론 매우 우수했겠지요?"

맥라렌은 잠시 생각하였다.

"예, 비교적 공부를 잘 하였습니다. 저는 라틴어와 그릭어, 수학과 논리학 그리고 영문학에서 상을 받았고, 도덕철학에서 우수상을 받았습니다. 그러나 판사님이 아시는 것처럼 다른 사람들도 그만큼은 하고 더 잘하기도 합니다."

"당신은 겸손한 젊은이입니다." 판사는 대답하였다.

"칸스 의사는 내게 말하기를 그가 가르친 학생 중에 당신이 단연 최고라고 하였습니다. 무슨 의미인지는 정확히 모르겠지만 마음뿐만 아니라 열정에서도 그렇다고 하였습니다! 내가 희망하기는 당신의 열정이 당신의 마음을 통제하지 않기를 바랍니다."

"저는 판사님을 실망시켜드리기 원치 않습니다. 그러나 저는 법조계를 떠나 일본에 선교사로 가는 것을 심각하게 고려하고 있습니다."

셴 판사는 그 말에 충격을 받았고, 잠시 후에 다시 입을 열었다.

"당신의 의지가 그렇게 확고한 것이 유감입니다. 완전하고 철저한 법조계의 훈련을 받은 후에 비록 기독교 목회라고는 하지만 완전히 다른 길을 가려고 하다니요. 물론 당신은 스스로가 무엇을 원하는지 제일 잘 알겠지만, 많은 나라 중에 왜 또 일본입니까?"

맥라렌은 잠시 생각하더니 대답하였다.

"일본은 저에게 흥미롭습니다. 지구의 반대편에 있기도 하고, 최근에는 서양의 사고에 문을 열기도 하였습니다. 그리고 기독교 복음을 전할 큰 기회가 그곳에 있습니다."

"그래요. 만약에 당신의 마음이 결정되었다면, 내가 해줄 수 있는 말은 당신이 성공하기를 희망하며 실망하지를 않기를 바랍니다." 판사가 대답하였다.

"당신이 여기에 함께하지 않기로 결정을 하였지만, 나는 분명 당신이 잘되기를 바랍니다. 어쨌든 우리 스코틀랜드인도 선교사가 필요하니까요!"

아쉽게도 사무엘 길필란 맥라렌 목사가 어떤 과정으로 이런 결정을 하였는지는 기록에 없다. 그러나 그는 1875년 10월 그의 아내와 함께 일본으로 항해를 떠났다.

법조계는 직업적 방향이 다른 그의 전도 열정에 약간 섭섭했겠지만, 연합장로교회는 그 능력 있는 학자의 사역을 얻을 수 있어서 기뻐할 것이다.

일본은 메이지 천황의 시대였다. 당시 일본은 서양으로부터 오는 것이면 누구든 무엇이든 환영하고 있었다. 모든 국적의 사람들이나 직업인들이 일본에 정착할 수 있었다. 영국의 해군 장교들은 영국의 전통을 일본 해군에 전달하고 있었고, 심지어는 넬슨경의 세 번의 위대한 전투를 기념하는 세 개의 흰색 줄을 직급의 훈장에도 표시하였다. 독일인들은 그들의 군대를 프러시아인처럼 철저하게 훈련하였다. 미국의 힘 있는 추진으로 미국인들이 사업을 시작하였고, 하룻밤 사이에 교육기관들이 생겨났다. 만약에 일본이 서양을 완전히 배우려면 서양의 비밀을 먼저 배워야 하였다.

일본에서의 선교는 기본적으로 연합하여 이루어지고 있었는바, 인적 자원을 낭비하지 않기도 하고 일본인 개종자들에게는 일치를 보여줄 수 있었다. 그 중에 한 교육기관이 유니온신학교 혹은 메이지학원이었다. 맥라렌이 일본에 도착하자 이 학교이사회는 그를 교수로 임명하였다. 맥라렌은 능력 있고 명석하였기에 8년 동안의 재임기간 중 지금까지 계속되고 있는 신학교의 위상을 높이었다. 그는 은퇴한 후에도 스코틀랜드나 호주에 있으면서 법률과 관계되는 일을 의뢰받아 자문을 제공하기도 하였다.

맥라렌 부부는 동경의 한 지역인 쓰키지에서 살았고, 1877년에는 아들 브루스가 태어났다. 메리가 그 다음에 세상에 나왔고, 찰스는 1882년 8월 23일 태어난다. 자녀 대부분이 스코틀랜드로 돌아가는 길에 태어났다.

일본의 기후는 겨울에는 춥고 여름에는 너무 더워 서양인에게
는 쉽지 않은 지역이었다. 열기와 습도는 말라리아, 십이지장충, 열
병 혹은 확인되지 않는 병균이 발생하기 쉽게 하였다. 서양 음식은
구하기 어려웠는데 특히 우유와 버터가 그랬다. 염소 우유는 보통
어린아이들을 위하여 사용되었고, 이것도 종종 기복이 심하거나 아
니면 몰타 열병을 가져왔다.

매켄지 교수는 그곳에서 건강이 안 좋아지게 되자 스코틀랜드
로 돌아가는 슬픈 결정을 내리게 된다. 일본에서 살아본 사람이면
누구나 그 아름다운 나라를 사랑하게 된다. 그러나 스코틀랜드의
안개와 추운 겨울도 매켄지 가족을 위한 좋은 환경이 아니었기에,
그들은 1886년 호주로 가기로 결정을 하였다. 사무엘 맥라렌 목사
가족은 호주에 도착하였고, 맥라렌은 멜본의 한 지역인 코벅의 교
회에 부임하게 된다. 그러나 가장 인정받고 결실 있었던 그 목회는
오래가지 못하였고, 3년 후 총회는 장로교 레이디스 칼리지 교장을
찾고 있었는데 그 자리에 적절하고 현명하게도 매켄지 목사를 임명
하여 그를 동부 멜본으로 불렀다.

매켄지는 22년 동안 이 학교에 재직하면서 학교의 학문 수준을
높였고, 그 이후로 그것은 이 학교의 특징이 되었다. 맥라렌의 딸들
은 자연스럽게 이 학교에 다녔고, 아들들은 공원 건너편의 스코치
칼리지에 다녔다.

행복한 생활이었다. 그들은 호주를 사랑하였고, 오랫동안 한 가

정으로 함께 지냈다. 식사시간에 함께 않아 서로 나누는 대화를 정말 사랑하였다. 딸 메리와 결혼한 매터슨 선장이 후에 이렇게 말하였다.

"나의 아내는 말을 정말 잘 하는데, 현명한 남자들 속에서 자랐기 때문일 것이다."

이 가족원들은 그저 현명했던 것만이 아니라 특출하였다. 브루스는 1893년 스코틀랜드 최우수학생이었다. 연이어 그는 멜본대학교에서 특별한 우등생이었고, 후에 캠브리지대학교에서 수학 부분 2위로 졸업하였다. 그는 캠브리지의 "아이작 뉴튼 경 연구자"로 선출되었고, 그의 가장 빛나는 성취는 그 대학의 아담상을 받은 것이다. 1913년 버밍험대학에서 강의를 한 후, 그는 리딩대학교의 수학과 교수로 임명되었다. 전쟁 바로 전 한 독일 리뷰는 브루스의 견해와 사상의 중대함을 다음과 같이 말하였다.

"그의 사상은 깊고 독창적이며, 물질과 에테르의 물리학을 다시 쓰도록 추동한다."

그의 이론이 아인슈타인의 이론을 앞섰다고 말한다. 이 책을 읽는 보통의 호주인들에게 브루스에 대한 아주 적은 내용이지만, 그에 대하여 다음과 같이 쓰인 글은 대부분 이해할 것이다.

"그는 아마 호주가 배출한 가장 위대하고 독창적인 천재였을 것이다."

브루스는 군대에 관한 포부는 없었지만, 1914년 군인이 필요한 때(1차 세계대전 _역자 주)가 영국에 닥치자 그는 최전방이 그의 자리라고 생각하였다. 그는 1916년 전쟁 중에 사망하였다.

찰스 맥라렌은 형의 죽음을 뼈저리게 느끼었다. 그는 언제나 그의 형을 존경하고 사랑하였고, 충격적인 형의 죽음은 찰스의 파란 많은 인생 경험 중에 가장 큰 영향을 끼치었다.

이것이 찰스가 성장한 과정의 배경이다. 그의 누나 메리는 찰스를 회상하기를 심각하고 행복한 그리고 그의 나이를 뛰어넘을 정도로 동정적이고 이해심 있는 매력적인 소년이라고 하였다. 그는 근본적으로 착했는데, 다른 아이들이 유치원에서 말썽을 일으키는 것을 이해하지 못할 정도였다.

"찰스는 친절하고 이해심이 깊었는데, 태어날 때부터 성령이 그의 안에 있는 것 같았다"라고 그의 아버지가 말할 정도였다.

요즘 말로 하면 한번 회심한 영혼으로 다시는 회심이 필요 없는 그런 사람 중에 한 명 같았다. 그러나 찰스 자신은 그렇게 생각하지 않았다. 빅토리아의 포트 링턴의 여름휴가 중 찰스는 존 맥닐 목사의 부흥집회에 참석하였는데, 그때 그는 그의 일생을 예수 그리스도를 위하여 헌신할 것을 결단하였다. 어린아이에게 이런 식으로 하는 것을 매도하는 사람들에게 당시 찰스는 9살이었지만 그 결단을 평생 취소하지 않았다는 사실을 상기시킬 필요가 있다.

▲ 아랫줄 중앙의 사무엘 맥라렌 목사 부부와 메리와 마조리, 뒷줄에는 브루스와 찰스

▼ 진주병원 직원들(아랫줄 중앙에서 오른쪽으로 찰스 맥라렌, 진 데이비스 의사, 네피어 양)

▲ 중국인 노동대대의 의무장교 시절
(프랑스, 1917~1918)

▲ 서울집 앞의 레이첼(일본 천황 생일)

▼ 제시, 레이첼 그리고 맥라렌(서울)

학생 자원봉사자

오랫동안 호주교회는 잠자고 있었으나, 대학교의 학생들 사이에서 복음을 전할 기회가 오고 있음을 천천히 깨닫고 있었다. 여기에는 기독학생운동의 총무였던 위대한 미국인 존 모트 박사의 공을 인정하여야 한다.

호주학생기독연맹의 창립대회는 1896년 6월 6일 멜본의 오몬드대학 위세라스키홀에서 열렸다. 이 대회는 잘 조직이 되었으며, 호주와 뉴질랜드 전역에서 256명의 대표들이 참여하였다. 주 강사가 모트 박사였다. 그는 주목할 만한 사람으로 참석자 모두에게 깊은 인상을 남겼다. 삼십대 초반인 그는 키가 크고 몸가짐이 똑바르고 단정했으며 큰 얼굴에 튼튼한 턱과 입 그리고 도전적인 눈빛을 가지고 있었다. 한 학생은 다음과 같이 언급하였다.

"내가 전에는 경험하지 못한 분위였고, 감정이 아니라 의지에 영향을 주었다."

첫 번째 대회는 영원히 지속될 인상을 남기었다는 것이 명백하였다. 혹시 비웃는 사람이 있다면 그들은 기도하기 위하여 남기도 하였다. 지도자들은 이 첫 대회에서 추동된 열정을 식도록 놓아두지 않았다. 2년 후에 또 다른 대회를 멜본의 모닝톤에서 열었던 것이다.

찰스는 이 대회의 학교 소년 대표였다. 그는 이런 대회에 참석할수록 호주 의료 전문직을 추구하는 것이 점점 어려워진다는 것을

▲ 호주선교부 직원들(1913)

아랫줄: 에버리 양, 캠벨 양과 헬렌 메켄지 어린이, 프랭크 엥겔 어린이, 데이비스 양, 스키너 양, 켈리 목사와 어린이 제임스

두 번째줄: 스콜스 양, 맨지스 양, 커렐 부인, 매크레 목사, 엥겔 박사, 엥겔 부인과 어린이 엘시, 매켄지 목사, 왓슨 목사와 어린이 조크, 켈리 양

세 번째줄: 니븐 양, 네피어 양, 라이얼 부인, 무어 양, 테일러 양, 알렉산더 양, 매켄지 부인과 어린이 헬렌, 왓슨 부인, 라이트 목사

맨 뒷줄: 라모스 씨, 커렐 박사, 라이얼 목사, 맥피 양, 테일러 박사, 클라크 양, 알렌 목사, 맥라렌 부인과 맥라렌 박사, 커닝햄 목사

▲ 찰스와 일본인 친구들(진주)

▼ 찰스의 대가족(찰스 부부와 입양된 딸, 사위 그리고 손자들)

알고 있었다. 찰스는 이번 대회에서 앤드류 하퍼 교수로부터 깊은 영향을 받았는데, 그는 위대한 히브리어 학자로, 학생들이 전에는 전혀 들어보지 못한 내용으로 신명기를 상세히 설명하였다. 그는 "너의 주 하나님을 잊지 않도록 깨어 있으라"는 말씀을 인용하였다. 찰스는 하나님의 이 부름에 도전을 받아 그의 공부를 다시 시작하였다.

이 기간을 찰스는 쓰기를 "나의 오몬드대학 시절에는 절반의 학생들이 일주일에 한번씩 일찍 일어나 그들 각각의 성경공부 동아리에 참석하였다. 오늘날에도 이렇게 말할 수 있는지 의문이 든다. 올드함의 '예수의 생애 연구'를 통하여 한 인생이 심오하게 바뀌었다는 것을 나는 증언할 수 있다." 나는 그 책과 성경을 공부하였고, 예수의 가르침의 능력과 독창적인 감성이 내 마음을 열고 들어오기 시작하였다.

거의 60년 후 맥라렌의 장례식에 스터키 목사가 말한 대로 "성경은 그의 진실의 근원이었으며, 그의 판단의 기준이었다. 모든 상황에 그것의 관련성을 그는 정열적으로 믿었다."

그러나 찰스는 동시에 그의 전문이었던 의학과에도 좋은 학생이었다. 1906년 그는 의대에서 외과 전공으로 졸업하였다. 1907년 그는 멜본병원에 상주하는 의사였으며, 1908년 후반에는 어린이병원에서 16개월 동안 복무하였다. 그가 의과 박사과정을 졸업한 것은 1910년의 일이었다.

찰스는 평생을 통하여 그의 생각과 기도 속에서 하나님과 씨름을 하였다. 심지어 멜본의 그 바쁜 병원 복무 중에서도 어느 곳인지는 아직 모르지만 하나님이 자신을 선교사로 부르고 있다고 느끼고 있었다. 그는 이미 1903년 초, 아직 학사과정을 밟고 있을 때, 해외에 자원봉사자로 나가는 것이 그의 목적이라고 자신의 어머니에게 쓰고 있다:

내가 의과 공부를 시작할 무렵 어머니는 나의 소년시설의 장래 목적이 무엇인지 알고 있었습니다. 내가 그 공부를 하는 동안 그것에 대하여 나는 별로 이야기는 하지 않았지만, 내 마음에서 사라지지 않았습니다. 어떤 때는 그 부름에 응답을 할 준비가 되었다고도 느꼈었고, 어떤 때는 그것에 대하여 조급함을 느끼었고 그리고 한쪽에 묻어 두기도 하였습니다. 내 공부가 다 마쳐갈 무렵 나는 나의 분명한 양심으로 그 질문을 더 이상 방치할 수 없었습니다.
지난 몇 년 동안 나는 나 자신과 심한 싸움을 하였습니다. 예수 그리스도의 위대한 두 가지 말씀이 내 마음 속에 있었습니다.
"누구나 나를 주여 주여 할 수 없고, 내 아버지 뜻대로 하는 자만이 할 수 있다."
"그의 뜻을 행하는 자만이 알 수 있을 것이다."
예수님의 그 말씀의 의미를 묵상할 때마다 "그의 뜻이 이루어지이다"라고 기도하는 나 자신을 발견하게 됩니다. 이런 기도를 할 때마다 확실한 것은 하나님이 그의 일을 위하여 나도 부르신다는 것입니다. 친애하는 어머니, 동시에 나를 괴롭게 하는 것은 죄와 슬

폼이 있는 멜본이라는 이 도시에도 사역이 필요하다고 깨닫기 때문입니다.

슬럼가를 위하여 대학 거주지가 제안되었습니다. 만약 그 제안이 실행된다면 해외로 나가지 않아도 좋은 기회가 될 것입니다. 자신의 이익을 위하여 단순히 발전할 연습을 하는 것보다 더 좋은 봉사가 될 수 있습니다. 그러나 나는 특별히 선택되어 해외로 불림을 받았다고 개인적으로 느끼고 있습니다. 이런 사실들을 고려하면 겸손을 다하여 그리고 나의 약함을 인정하며 자원봉사자 선언에 서명하기 원합니다.

"만약 하나님이 허락하시면 해외선교사가 되는 것이 나의 목적입니다."

어머니, 이 선언에 서명하는 것을 주저할 이유는 아무것도 없습니다. 어머니도 그러리라 믿습니다. 선언은 목적을 적시한 것이지, 서약이 포함되는 것은 아니니까요. 하나님은 다른 길을 나에게 보여주실 수도 있고, 후에 다른 목적을 주실 수도 있습니다.

그러면 이 선언에 내가 서명하고 싶은 세 가지 이유를 말씀드리겠습니다.

1. 나 자신을 위해서입니다. 반쯤 형성된 계획의 참을 수 없는 무거움에서 벗어나기 위함입니다. 결정을 계속 미루는 것은 최종 결정하는 것을 더 어렵게 하기 때문입니다.

2. 나는 학생 개인마다 그들이 그들의 목적을 공개적으로 말하는

것이 중요하다고 믿습니다. 이것이 학생 선교사운동에 도움이 될 것입니다.

3. 나의 고민을 아는 동급생들에게 도움이 될 것입니다. 내가 나의 싸움을 이겼는지를 그들이 알면 그들에게 도움이 되고, 내가 졌다면 그들에게도 걸림이 될 수 있습니다.

그레함 발포어는 내가 한국으로 가기를 희망하고 있습니다. 세상은 좁고 그리고 한국은 그다지 멀지 않습니다!

이 편지에서 볼 수 있듯이 찰스는 한국으로 갈 그의 결정을 그의 어머니가 너무 놀라지 않도록 소식을 알리고 있다. 그의 어머니는 겉으론 그가 해외로 나가는 것에 대하여 염려하지 않았다. 그녀는 일본에 살아보아 선교지의 어려움에 대하여 누구보다 잘 알고 있었고, 한국에 대해서도 어느 정도 듣고 있었다. 아마도 그녀는 찰스의 육체적인 강인함과 힘찬 열정 그리고 그의 성격을 누구보다 잘 알고 있었다. 그럼에도 지난 50년 동안 이 편지를 그대로 간직했던 것을 보면 이것을 자랑스럽게 생각했었던 것일 터인데, 이 편지는 찰스가 선교사가 되려는 첫 결심을 보여주는 기록이기 때문이다.

연례적인 대학생 여름대회에 찰스가 참석한 것은 그의 영적 생활에 매우 획기적인 시간이었다. 보우랄, 힐스빌스, 마운트 베이커, 키아마 등에서 대회가 열렸고, 특히 1910년의 데이레스포드대회가 그에게 결정적이었던 것은 의심의 구름을 쫓아버리고 하나님의 뜻을 깨달을 수 있었기 때문이다.

찰스는 1910년 헌신하던 병원을 떠나 호주학생기독운동 일을 위하여 호주와 뉴질랜드를 순회하였다. 이 당시 즈음에 그는 제시 리브 양에게 호감을 갖고 있었는데, 그녀는 지난 2년 동안 푸나의 선교사이던 그의 아버지와 학교생활을 하다가 빅토리아에 있는 그녀의 집으로 돌아왔던 것이다. 찰스와 그녀는 학생봉사자운동에 같은 동아리 회원이었다. 대학 졸업 후 제시도 순회단 총무였는데, 시드니에서 뉴질랜드로, 다시 테즈메니아로 다녔고, 찰스는 멜본에서 테즈메니아로 그리고 그곳을 통하여 뉴질랜드로 갔다. 호바트에서 그들은 몇 시간 만날 수 있었다. 이 만남에 대하여는 아무 기록도 없지만, 그들이 호주로 돌아와 약혼을 발표한 것을 보면 그들은 분명하게 그들의 미래에 함께할 것을 확인하였던 것 같다.

당시 찰스의 아버지는 "너는 약혼반지를 살 돈이 없지 않은가"라고 언급하였고, 찰스는 "만약에 하나님이 이 여인을 나에게 보내주었다면, 반지도 꼭 제공하여 줄 것입니다!"라고 대답하였다. 아들에 대한 찰스 씨의 이런 신중한 염려는 이해될 수 있었는데, 그 자신도 전문직을 떠나 선교사로 떠났었기 때문이다.

찰스는 이후 시골의 두 병원 현장에서 일을 하였는데, 이것은 한국에서의 의료선교를 준비하는 한 방법이기도 하였다. 그와 제시는 1911년 8월 22일 결혼을 하였고, 찰스는 9월에 멜본의 스코트교회에서 선교사로 안수를 받았다. 그리고 3주 후 한국으로 떠나게 된다. 그들은 부산에 도착하게 되는데, 이곳에는 현재 기독학생운동의 총무인 프랭크 엥겔 목사가 며칠 전에 태어났다.

고요한 아침의 땅

하나님의 인도하심을 가장 잘 볼 수 있는 방법은 과거를 되돌아 보는 것이다. 한국에서의 호주선교 시작이 그 예이다.

1889년 영국의 한 배에서 한 명의 해군장교가 하선하여 부산의 거리를 걷고 있었다. 그는 돌아오는 길에 코필드 그래머 칼리지의 창시자이자 교장인 헨리 데이비스 목사에게 한국은 선교의 가능성이 무궁한 나라라고 말하였다. 일 년 후인 1890년 4월 5일 헨리 데이비스는 한국에서 천연두로 사망하게 되었고, 오늘날 부산을 내려다보는 산언덕에서 그의 무덤을 찾을 수 있다.

그는 무엇을 성취하였는가? 그것은 하나님의 마음속에 있다. 우리의 입장에서 보자면 그는 한국에서 오랜 기간 헌신한 많은 호주인들 가운데 첫 호주인이었던 것이다.

잘 계획되고 청결한 호주의 도시에서 살다가 한국에 도착하는 것은 항상 떨리는 경험이다. 처음 한국에 도착하면 다른 지역에서는 절대로 알지 못하였던 광경이나 냄새와 마주치게 된다.

"이게 무슨 냄새지? 배수로 냄새인가?"

"아니야."

먼저 와 있는 사람의 대답이다.

"여기는 배수로가 없어."

실제로는 배수관이 부족해서가 아니라 전혀 다른 음식을 먹는 한국인의 냄새이다.

한국에는 가는데 마다 산과 마주친다. 부산 항구를 둘러싸고 있는 높은 언덕들은 찰스와 제시에게 이러한 광경들의 맛보기였고, 그것은 앞으로 30년 동안 그들에게 기쁨을 주게 된다.

찰스 부부는 하얀 겉옷을 입은 한국인들과 먼저 온 선교사 친구들의 환영을 받았고, 그 중에는 호주 수상인 맨지스 경의 이모도 있었다. 이것은 이미 빅토리아의 첫 번째 선교지인 한국에 와 헌신한 선교사들이 있다는 의미이고, 그것은 28년 동안 지속되며 성장하고 있었다.

이들이 도착할 때는 추수의 계절이었고, 3일을 가서 마산에 도착하는데 처음에는 기차로 그리고는 인력거와 당나귀로 갔으며, "추수하기에 희어져 있는" 논밭을 지났고, 산에서부터 내려오는 물 흐르는 소리가 거의 끊이지 않았으며, 그 물은 논을 지나 바다로 흘러가고 있었다.

마을의 초가지붕 위에 널린 빨간 고추는 가을 햇살에 잘 건조되고 있었고, 처마에서는 호박이 넝쿨로 드리워져 있었다. 여기저기에 서 있는 감나무에는 황금빛 과일이 풍성하여 가을의 색깔을 더하였다.

각 마을에는 작은 대나무 숲이 있어 진흙과 돌로 된 집에 울타리, 갈퀴, 광주리, 모자, 물관 그리고 작은 가지들을 공급하고 있었다.

여인들은 감이 가득 담긴 광주리를 머리에 이고 터벅터벅 길을 걷고 있으며, 남자들은 열심히 벼를 추수하여 볏단을 논두렁에 놓았다가 급히 옮기어, 추위로 보리가 자라는 것이 억제되기 전에 몇

인치라고 더 자라도록 하였다.

프란시스 클라크와 마가렛 데이비스가 찰스 부부와 동행하였다. 가는 길 중간쯤에 하루를 묵게 되었는데, 일본 여관 주인의 아내가 자기 동포들이 그러한 것처럼 찰스도 여인들과 사귀기를 좋아하는 것으로 생각하였다. 그러나 그가 조그마한 방에 세 명의 여인들과 함께 자지 않고, 또 편안하고 따뜻하고 볏짚의 바닥 대신에 가게 뒤편에 있는 춥고 딱딱한 의자에서 자는 것이 그녀에게는 매우 이해가 안 되었다. 이것은 그녀가 익히 알던 남자들의 세계가 아니었다. 그러나 그녀는 알 수 없는 언어지만 호의적으로 그를 대하였다.

다음 날 저녁 석양 즈음에 진주가 내려다보이는 곳에 그들은 다다랐고, 다음 7년 동안 그들이 사역할 그 장소를 처음 대면하고 있었다. 진주에는 초가지붕들이 많이 모여 있었고, 타일 지붕으로 된 공관도 있었고, 언덕 높은 곳에서 강을 굽어보는 기념관도 있었다.

이날은 일본 천황의 생일 전날이었고, 1910년 한국이 일본에 의하여 한일합방이 된 다음해였다. 그리고 곧 경찰에 의하여 강제로 일본 국기를 사게 되었는데, 이것은 앞으로 30년 동안 이곳에서의 그들의 삶의 성격을 말해주고 있었다.

진주는 경상도 남쪽의 오래된 수도이고, 부산에서 90마일 정도 내륙으로 떨어져 있다. 16세기경 일본이 한국을 침략하였을 시 일본 장군 한 명이 진주를 점령한 것을 축하하였는데, 그 지역 기생들을 모두 불러 승리자들을 위한 만찬을 즐기고 있었다. 그 장군은 당연히 가장 아름다운 기생(논개를 의미함 _역자 주)에게 자기를 시중들도록 하였다. 만찬의 여흥이 극에 달할 즈음 그 기생은 강이 내려다보이는 곳으로 그 일본 장군을 유혹하였다. 그리고 그녀는 그 장군을 끌어안고 절벽에서 죽음으로 떨어졌는바, 그들의 장군이 사망함으로 일본군은 혼란 속에 그곳에서 철수하게 된다는 이야기이다. 그 이후로 진주에서는 이 기생의 이름이 영예롭게 되었고, 기생집들도 많아졌다.

바로 이 도시를 호주장로교 선교부는 그들의 세 번째 선교거점으로 선택한 것이었고, 커를 박사는 이곳에서의 첫 거주 선교사가 된 영광을 가졌다. 커를 박사는 이미 임기 한 기간을 이곳에서 보내며 수천 명의 환자를 돌보았고, 배돈병원 건축이 거의 끝나가고 있었다. 커를 박사는 동역자 찰스를 두 손 벌려 환영을 하였는데, 전문적인 진료와 수술을 통하여 몰려드는 수많은 환자들을 그와 함께 치료할 수 있었기 때문이다.

병원은 작고 효과적이었지만 직원들을 찾아 훈련시켜야 하는 과제가 있었다. 만약에 수술이 진행된다면 환자의 모든 가족이 모여 와 수술실에 들어오는데 혹 서양 의사들이 자신들의 가족에게 해를 입히지는 않을지 보려는 것이었다. 환자들의 상태는 계속하여 관찰되어야 했다. 만약 다리에 부목을 댄 환자라면 밤에 편히 자기 위하여 붕대와 부목을 다 풀기 때문이다. 또한 방문자들은 종종 밤에 환자의 침대에서 함께 자기도 한다. 병원에는 25개의 병상밖에 없는데, 방문자들이 계속하여 차지하기도 하였다. 뿐만 아니라 매년 7천여 명이나 되는 외래 환자들도 치료하여야 하였다. 수술을 받는 사람들은 보통 병이 상당히 진행된 상태의 환자들이었다.

비위생적인 상황으로 인하여 한국에는 회충, 십이지장충 그리고 다른 곳에서는 찾아볼 수 없는 기생충들이 있고, 세계적인 말라리아도 있다. 한 의사는 이렇게 말하기도 하였다.

"내가 아직 구분하지 못한 250종류의 열병이 이곳에 있습니다."

이전에 한국에서는 정신병 환자들을 아직 받아들이지 못하고 있었다. 그들 중 무해한 환자들은 거리를 헤매며, 더럽고, 반은 벗은 상태이지만 아무도 그들을 원치 않았다. 만약 폭력적인 환자라면 묶어 놓는데, 피가 정체되어 육체의 피의 순환이 자연스럽게 이루어지지 않는 모습이었다. 치료는 침의 예술이라 하여, 육체의 살을 뚫는데 사용되는 어떤 도구든지 적용되었다. 또한 뜨거운 나무 등 다른 방법을 사용하여 열기를 불어 넣는 찜질도 의미한다. 몸의 여러 부분에 침이 들어가면 보통 다양한 반응이 나타난다. 침은 오늘날에도 사용되는 초기 원시 형식의 충격 치료법인 것 같았다.

결핵도 흔한 질병이었다. 이 병은 종종 뼈에도 침투하는데 정신병과 같이 이런 종류의 병으로 고통을 받는 병자를 받아들일 수 있는 병원 시설은 없었다.

나병환자들도 배회하고 있었는데, 그들은 소외된 지역에서 공동체로 살고 있지만 구걸을 하기 위하여 마을로 나오는 것이었다.

의료선교사들도 목사안수를 받는데 그것은 그들도 작은 교회를 돌보도록 하기 위함이었다. 찰스는 시골에 있는 교회를 방문하는 것을 좋아하였다. 그리고 선교사들 중에 시골 교회에서의 경험을 누가 잊어버릴 수 있겠는가? 한국인들은 시간에 따라 일을 하지 않는다. 그러므로 진료는 언제든지 시작할 수 있고, 새벽 4시나 밤 9시까지 진행될 수 있다. 한국인의 집이나 마을에는 사생활이 없었으며, 선교사가 무슨 일을 하는지 보려는 한국인들로 항상 북적거렸고, 특히 씻는 모습에 관심들이 많았다! 제시는 일에서 돌아오는 찰스를 위하여 목욕을 준비하였다. 그는 옷을 벗어 옆에 두고 뜨거운 목욕탕 안으로 들어갔다. 동시에 제시는 흐린 등잔불 아래 그의 옷 한 땀 한 땀을 살피며 이를 잡았다.

찰스는 매우 존경하는 리차드 스타웰 경으로부터 신경학을 소상히 훈련받았다. 그는 한국인들을 치료하기 시작하였고, 찰스는 그들로부터 놀라운 치료의 두 손을 가지고 있다는 명성을 얻기 시작하였다. 환자들은 사방천지에서 모여들었다. 병원이 만원일 때는, 집으로까지 데리고 가 치료를 하였다.

모든 선교사들의 첫 번째 과제는 그곳의 언어를 익히는 것이다. 그러나 한국어는 정말 어렵다! 네 가지 종류의 말이 있는데, 하나는 하인들에게 하는 말, 하나는 친구에게 하는 말, 또 하나는 어른들에게 하는 말이다. 만약에 선교사가 평등을 위하여 하인들에게 존댓말을 하면, 그 즉시 전체 마을의 웃음거리가 된다. 네 번째 말은 하나님께 드리는 언어이다. 대부분 선교사들은 교회에서의 기도는 한국인에게 맡기는 것을 원하였는데, 극존칭을 쓰는 언어이기 때문이었다.

한국인들은 문서와 편지에 고전적인 중국어를 자신들의 한국어와 섞어서 사용하였다. 뿐만 아니라 시골 사람들은 그들만의 표현과 방언이 있다. 나는 나의 선생님에게 어떤 시골 사람들이 무슨 이야기를 하는지 물어본 기억이 있는데, 그는 자신도 못 알아듣겠다고 고백하였다.

찰스는 항상 약자들의 편이었다. 한국에는 사회의 약자가 백만명이 존재한다. 이들을 어떻게 도울까 혹은 누구를 먼저 도울까가 항상 문제였다. 이와 연관되어 맥라렌 가족은 첫 한국인 아이를 입양하게 된다.

찰스가 호주를 떠나올 때 한 명의 후원자로부터 후원금 10파운드를 받았고, 또 매년 후원하겠다는 약속도 받았다. 이 돈은 찰스가 임의로 쓸 수 있었다. 찰스는 이 돈으로 성경부인을 임명하였는데, 그녀는 과거에 뚜쟁이였고, 이로 인해 자기가 죄사함을 받을 수 있을지 걱정하던 사람이었다. 그녀는 사회에서 형편이 어려운 어린이들을 찾아 교육을 시키는 일을 하였다. 그 성경부인은 두 명의 어린이를 데려왔는데 나이가 적은 아이가 더 예뻤고, 11살 아이는 고아였는데 하얀 천으로 감싼 빨간색 한국어 찬송가를 옆에 꼭 끼고 있었다. 이렇게 삼색이는 맥라렌 가족원이 된 것이다. 성실하고 지적인 그녀는 마을의 작은 교회에서 공부를 시작하였고, 첫 번째 읽기는 찬송가였다. 현재 그녀는 미션 초등학교에 다니고 있고, 후에는 서울의 학교로 갔으며, 거기에서 일본으로 건너갔다. 그녀는 항상 반에서 일등이었다. 그녀는 배우고 가르치는 일을 사랑하였으며, 결혼 후에도 그 두 가지를 계속하였다. 1950년 겨울 한국전쟁 시

많은 사람들이 서울을 떠나 죽음의 피난길에 올랐다가 사망을 하였는데, 삼색이와 그녀의 가족도 그 길 위에 있었다.

집도 없고, 돈도 없고, 가진 것이라고는 입은 옷 한 벌뿐인 그녀는 왜 하나님이 자기를 살려두셨는지 의아해하였을 것이다. 남쪽의 한 도에서만 4만 명의 고아가 발생을 하였는데, 빛과 함께 응답이 들렸다.

"하나님은 어머니들이 필요하다."

이때 삼색이는 맹세하기를 하나님이 자신이 돌아갈 집을 허락하신다면 그 집을 최대한 많은 어린이들을 위하여 개방할 것이라고 하였다. 기적처럼 그녀와 그녀의 남편 그리고 세 명의 아들이 후에 서울로 돌아와 그 일을 시작하므로 그 약속을 신실하게 지키었다. 그녀가 사망할 때 32명의 고아를 그녀는 책임지고 있었다. 그녀의 아들 중 한 명이 쓰기를 "웃어야 할지 울어야 할지 모르는 이야기지만, 고아들에게 할당된 칫솔 하나와 치약을 어머니가 나에게도 쓰게 할 줄 알았는데 어머니는 '네가 고아니?'라고 반문하셨다."

배돈병원에서 병을 잘 고친다는 소식이 그 지역에 널리 알려졌고, 맥라렌 가족은 또 한 명의 딸을 입양하였다. 12살의 맹아 여아인데, 아버지는 사망하였고 어머니는 재혼하여 한국인들 사이에 수치를 얻었고, 아이들은 이모에게 맡겨졌다. 그 여아는 희망을 가지고 그곳에서 나와 매일 구걸하면서 마을의 소외된 사람들과 친구하며 다녔다. 그러다 어느 날 진주의 외국인 구역에까지 온 것이다.

"무엇을 원하니?" 여아에게 물어 보았다.

"보기를 원합니다."

"그래? 그러면 내일까지 기다려야 한다"라고 직원이 대답하였다.

"그러나 멀리서 왔으니 아마 여기서 하룻밤을 지내도록 할 수 있을 거야."

아이에게 더운 밥 한 공기를 내다 주었다.

"왜 안 먹어?" 다시 직원이 물어 보았다.

"같이 먹을 반찬이 없습니다." 아이는 참을성 있게 꿋꿋이 대답하였다.

그때도 그랬고 항상 그랬다. 그 여아가 맹아이기는 하지만 기본 인권이 있었고, 존경받기를 원하였다.

다음 날 진찰을 받은 그 여아에게 시력은 회복될 수 없다고 말해 주었지만, 집과 교육은 제공할 수 있었다. 그녀는 진주에서 교육을 시작하여 평양의 맹아학교에서 점자를 배웠고, 나중에는 일반 아이들과 함께 공부하였다. 후에 그녀는 서울의 성경학원에서도 공부를 하였고, 한국 남쪽 지역에서 전도부인과 함께 순회하며 오랫동안 일을 하였다. 그녀는 가는데 마다 군중을 모으는데 실패하지 않았다.

"멋지지 않아! 우리는 눈이 있어도 까막눈인데, 그녀는 손가락으로 읽을 수 있잖아."

마을 사람들이 놀라며 말하였다. 그러면 그때 그녀는 복음을 전하기 시작하였다.

"우리에게는 육체의 눈과 영혼의 눈이 있습니다. 하나님은 우리가 영혼의 눈으로 보기 원하시고, 그를 믿기 원하십니다."

그녀는 날카로운 유머가 있었고, 일본인과 한국인 경찰을 향하여 비웃는 것은 그들이 교회 행사를 계속 감시함으로 무지한 시골 사람들에게 생명의 길을 알리고 있었기 때문이다.

사랑은 성탄절 날 내려온다는 찬송이 있다. 득순이는 7살이었고, 작고 말랐으며 맨발에다 짧은 머리 그리고 홀 겹의 웃옷과 바지를 입고 있었는데, 야간반이 그들의 성탄 선물을 받은 그날 학교 난간에서 발견되었다. 아써 알렌 목사에 의하여 발견되었는데 그는 그의 직원에게 그 아이를 하룻밤 부탁하였다. 다음 날 격분한 직원은 눈이 왔음에도 불구하고 보통보다 일찍 나와 중얼거렸다. "이 아이는 남자아이가 아닙니다. 소녀입니다. 우리가 그것을 해결할 수 없습니다." 그래서 이 소녀는 맥라렌 가정에 급히 보내어 졌다. 추위와 두려움으로 굳어진 그 아이는 부엌의 불 앞에 서 있었는데, 치아를 보면 말을 할 수 있는 나이임에도 계속 아무 말 없이 있었다. 찰스는 그 아이의 뒤에서 숟가락으로 얇은 접시를 두드렸는데, 이것이 그가 알고 싶은 것을 말해주었다. 다시 그의 아내 앞에서 재현을 하였을 시, 그 아이는 그 소리에 놀라 소리를 질렀다. 찰스는 웃으며 만족스런 말로 말하였다.

"저 아이는 귀머거리가 아닙니다. 그리고 아마 바보도 아닐 것입니다."

병원에 원치 않는 아이들을 버리는 것이 습관이 될 것을 염려한 맥라렌 가족은 아이들의 가족을 찾는 방법을 강구하여야 하였다. 그 여자아이를 등에 업고 마을 다니며 혹시 아는 사람이 있는지 희망을 가지고 다녀 보았다. 결국 어머니를 찾을 수 있었다. 그 어머니의 이야기에 따르면 그녀는 세 아이와 함께 돈이 없는 첫 남편을 떠났고, 도로공사장인 두 번째 남편은 아들들은 받아들이고 딸은 거절을 했다는 것이다. 그래서 어머니는 어쩔 수 없이 그 딸을 선교부 앞에 두었다는 것이다. 어머니는 그 아이를 다시 아버지에게 데리고 가 간청을 하였다. 그러나 남편은 그 아이를 키울 능력이 없다면서 그의 누이에게 맡겼다. 그 누이도 열 살이 채 안 된 두 딸을 남의 집안일을 시키며 삶을 이어가고 있었다. 기독교인이었던 이 여인에게 이야기를 들은 스콜스 선교사는 그 아이를 다시 거리에 방치하는 것은 죄라고 생각하였다. 만약 그녀가 그 아이를 데리고 간다면 그 아이를 먹여 살려야 하는데 다른 사람들이 어떻게 반응할 것인가?

선천성 장애를 가진 그 아이에게 영양결핍이 더해지고 있었고, 결국 맥라렌 가족에게 맡겨질 수밖에 없었다.

현재는 그 아이를 한 손으로 쉽게 데리고 다닐 수 있다. 그 아이는 배우는 것도 자라는 것도 늦지만, 그 아이가 행복해하는 것은 다양한 색의 염료를 가지고 대야의 물에 무명베나 비단 혹은 면을 염색하는 시간이었다. 그 아이가 빨리 온전히 되는 것을 기대하는 것은 과했다. 그러나 조금씩 치료를 받고 적절한 음식을 섭취하면서 나아져 갔다. 그녀의 시든 얼굴에 조그만 미소가 피는 때는 점심을 먹기 위하여 병원에서 언덕길로 성큼성큼 올라오는 찰스의 모습을 보는 때였다. 찰스의 강인함과 부드러움이 결국에는 최고의 음식이자 치료였다. 그녀는 성장하기 시작하였고, 공부하는 것도 나아지고 그리고 행복한 결혼도 하였다. 후에 그녀는 아이를 가졌고, 그아이보다 더 사랑스럽게 보살핌은 받은 아이는 아마 한국에 없을 것이다.

프랑스에서

그의 형 브루스의 전사는 찰스를 힘들게 하였다. 찰스는 브루스가 살육을 싫어하는 것을 알았고, 브루스를 군대에 가게 한 것은 오직 그의 엄격한 의무감이었던 것을 알고 있었다. 브루스도 그처럼 군인은 아니었고, 오직 평화의 방법들을 위한 훈련을 받았고, 다른 사람들에게 둘러싸여 있어도 그는 마음을 돌리어 문제를 사고하는 보통 교수의 능력을 가지고 있었다. 훈련 기간에도 그는 대열에서 빠져나가 혼자 걷고는 하였는데, 다른 군인들은 그를 따라 다른 길로 가야할지 대열에 남아야 할지 의아하게 만들었다. 지금 브루스는 사망을 하였고, 캠브리지에서 2천 명의 학생들도 그를 따랐다. 독일의 맹렬한 침략으로 영국의 꽃 같은 남자들이 죽어갔다.

찰스는 행복하지 못했다. 다른 동료 선교사들은 찰스가 있는 이 자리가 그가 있을 올바른 곳이라고 확신을 주었다. 하나님이 이 일을 위하여 부르지 않았던가? 그러나 찰스는 지금 그의 자리는 프랑스라고 믿었고, 영사관을 통하여 자원입대를 신청하였다. 결국 그의 입대가 허락되었다는 통지를 그는 받았고, 1917년 12월 20일 중국의 칭따오로 가게 되었다. 찰스는 중국인 노동자 대대의 의무장교로 임명된 것이다. 임명 소식을 들은 그는 안심을 하였다. 결국 프랑스로 갈 수 있게 되었고, 혹시 브루스의 무덤을 방문할 수 있지 않을까? 그는 이 임명을 예전에 진주 배돈병원에서의 사역으로 부른 하나님의 부르심과 같이 중요하게 여겼다. 그러나 호주선교부는 이 소식을 듣고 아무말도 못했다. 오직 제시만이 이것이 찰스에게 어려운 결정이었다는 것을 알고 있었다.

찰스는 그의 동생 메리에게 다음과 같은 편지를 썼다:

교회선교 활동의 결과가 얼마나 기묘합니까. 선교사들이 중개자가 되어 독일에 대항하는 국가의 투쟁에 중국인 노동자들을 사용하시니 말입니다. 희망하기는 이것이 계기가 되어 현재의 동양을 향한 서양의 외국인 배척법이 무너지게 되기를 바랍니다.

영국이 다른 곳에 몰두하여 있을 때 일본은 중국의 몇 지역을 정복하려고 하고 있었지만, '전쟁을 없애기 위한 전쟁'(제1차 세계대전에서 연합군의 슬로건)에서 일본은 영국의 우방국이었다. 맥라렌 박사가 진주를 떠나는 것은 승리의 환송식이었다. 일본인들과 한국인들은 함께 영웅의 출정식을 그가 받는 것을 보기를 원하였다. 이 특별한 행사에서 기독교인들은 그의 영예를 표하는 메달을 그에게 선사하였다. 금 십자가를 박은 하트모양의 은메달이었다. 메달과 함께 그는 큰 칭송의 연설을 들었는데, 그가 전쟁에 참여하므로 전쟁은 이긴 것과 다름없다는 내용이었다. 일본인들도 환송식에 참석하였다. 일본 도지사도 참가하여 그에게 오래되고 가치 있는 장검을 선물하였다.

찰스는 이제 새로운 역할을 해야 하는 그 상황이 처음에는 어려웠을 것이다. 예전처럼 그는 친절하고 좋은 남자의 모습이었다. 어느 날 당번병이 노무자를 걷어찼다. 찰스는 '그를 나무라는 것'이 전부였다. 당번병은 노무자와 같이 놀랐다. 부하에게 조용하고 인내심 있는 목소리로 나무라는 장교가 세상 어디 또 있을까!

프랑스로 가는 길은 캐나다를 통과해야 하였다. 그곳에서 그들은 35명의 엔지니어들을 데리고 갔는데, 그들은 회사의 수재들이었다. 이 젊은이들은 기차에서 내려 가게로 몰려가 사탕을 사 소풍 나온 어린아이들처럼 먹는 모습에 찰스는 흥미를 느꼈다.

하루하루 점점 프랑스에 가까워져 갔다. 찰스는 갑판에 서서 대서양의 파도를 보며 형 브루스를 계속 생각하였다. 그는 앞으로 영국에 계속 남게 될 것인지, 아니면 하나님이 그의 인생에 새로운 길을 보여주시는 또 다른 단계인지 궁금하였다.

배에서 그는 다음과 같이 쓰고 있다. "배에 우리 군인들을 통솔하는 장교가 있다. 그는 나로 하여금 브루스를 생각하게 하였다. 그는 빅토리아 크로스 메달과 영예의 메달을 받은 친절하고 겸손한 사람이었다. 그는 그가 겪은 전쟁의 지옥의 체험을 이야기하였다."

찰스는 리버풀에 도착하여 다른 사람들과 같이 도버 근처의 카사 캠프로 향하였고, 다음 날 저녁 프랑스로 건너갔다. 그들의 목적지는 노엘리스였다. 한 무리의 다른 장교들은 영국으로 돌아갈 동안, 찰스는 중국인 종합병원에서 일을 하기 시작하였는데, 중국 전역에서 온 다른 20여 명의 선교사들도 함께 있었다. 그는 여기에서 학생시절 선교를 위하여 같이 자원봉사하였고, 후에 북경과 천진의 학원에서 만났던 테드 스터키 박사와 다시 조우하였다. 또한 그는 호주의 베스병원에서 온 조 앤더슨 박사도 만났다.

찰스는 2월 18일 아베빌에 있는 그의 형 무덤을 방문하였다고 자신의 어머니에게 쓰고 있다. 아베빌은 1916년 8월 많은 전사자가 나온 곳이다. 결국 찰스는 형의 무덤을 찾은 것이다. 무덤 관리인은 그가 그곳에 혼자 있도록 하였다. 그는 하얀 십자가가 있는 그 무덤 앞에 서서 자기 형의 빛나는 삶과 사상을 생각하였다. 형은 다른 사람들이 줄 수 없는 많은 것을 주었지만, 정작 자신은 작고 단순한 무덤밖에 없었다. 그때 회색의 하늘에 태양이 떠오르며 주위가 보이기 시작하였는데, 순간 성경의 말씀이 빛과 같이 그의 마음에 다가왔다.

"나는 나의 형이 다시 살 것을 안다."

험하고도 어려운 한해였다. 독일군의 거대한 침공의 함성이 해협에서부터 들릴 정도였다. 그러나 찰스는 그가 걸을 때 하늘에서 들려오는 종달새의 노래소리로 마음이 교란되지 않았다. 그것은 하나님 아버지의 의지로 본인이 이곳에 와 있다고 알고 있기에 그는 만족하였다.

"전쟁의 동기는 여러 가지 섞여 있음에도 불구하고, 우리는 원칙을 위하여 싸우고 있다. 그리고 이 원칙은 올바른 것이기에 우리는 반드시 승리할 것이다."

이것은 다른 사람들이 동의하지 않는 찰스의 시각이었지만, 그는 청교도적인 삶의 태도를 가지고 있었다. 한번은 우리가 마산의 집에서 모임을 가졌는데, 그때 신사참배를 하라는 요구에 어떤 태도를 취해야 할지를 토론하고 있었다.

"안됩니다. 그것은 잘못된 것입니다." 찰스는 말하였다.

"일본은 하나님의 진리를 거짓으로 바꾸었습니다. 시간이 지나면 증명될 것이고, 우리의 정당함이 입증될 것입니다."

차가운 위로였지만, 한국에서의 평생의 사역이 이제 끝나고 있다는 것을 아는 사람들에게는 유일한 위로였다.

하루의 일과가 끝나면 찰스는 긴 산책을 하고는 했다.

"걷다보면 많은 생각을 할 수 있다. 사색에 빠지는 것을 시간 낭비라고 말하지 말라. 후에 누군가가 '맥라렌 저 사람은 좋은 생각을 가지고 있다. 그의 생각대로 한번 해보자'라고 그는 말할 수도 있다.

그러나 찰스는 전선에서 그의 의술을 제공하는 것 외에는 다른 할 일이 없는 것으로 느끼었다. 그는 표현하기를 "이 정의로운 전쟁에서 우리 편 사람들이 싸우는 것을 승인하기에, 나도 나의 의무를 다해야 한다."

그래서 그는 그의 상관에게 자신을 최전방으로 보내달라고 자원하였다. 3월 23일 그는 다음과 같이 쓰고 있다.

"독일군은 어제 50마일 전방에서 공격을 하기 시작하였고, 40사단이 우리를 향하여 진격해 왔다. 부근의 병원들은 이미 부상자들로 차고 넘쳤다."

같은 편지에 그는 계속 말하기를 "나는 몸에 맞는 내 유니폼을 입었고, 내가 할 일을 배정받았다."

4월 11일 찰스는 대령으로부터 최전선으로 이동하라는 통지를 받았다. 그가 속한 대대는 보통 전방의 군대가 아니었지만, 독일군의 전진을 막기 위하여 참호로 보내졌다. 첫날 저녁 전방의 동료들과 함께 앉아 그들의 최근 경험을 나누는 시간을 가졌다. 지난 하루나 이틀 동안에 그들의 절반 정도가 전투 중 사망을 하였는데, 그 중에는 찰스가 현재 임명받은 보직에 있던 의무장교도 포함되어 있었다. 대장이 찰스에게 오늘은 전선으로 나가지 말라고 말하였다.

"부임한 첫날 전사하면 비극이야."

찰스는 쓰기를 "이것은 전투원들과 만날 수 있는 특별한 기회이다. 대다수가 신경과민으로 고통을 받고 있었고, 참으로 안쓰러웠다. 대부분이 청년들로 억지로 이곳까지 밀려와 전쟁에 참여하게 되었다. 어떤 청년들은 남자의 역할을 해낼 수 있도록 냉혹한 압력이 필요하였고, 다른 청년들은 동정과 위로를 필요로 하였다. 불쌍한 청년들도 있었고, 존경할만한 이들도 있었고, 그들 속의 가능성을 보려고 나는 노력하였다. 결국은 많은 청년들이 진급하고 승리할 것이다."

우리의 구조 막사는 적의 폭격에 의하여 무너졌으며, 지하에서 그리고 터널을 만들어 가며 우리는 계속 일하였고, 의무실 옆에 별도의 방을 만들어 수면실로 사용하기도 하였다. 폐허가 된 집에서 가지고 온 나무로 천장을 받쳐 세워 '매우 편안'하였다. 길 잃은 고양이가 밤에 그의 발을 따뜻하게 해주어 고마웠다고 찰스는 언급하기도 하였다. 참호의 저주는 쥐와 벌레 이였다. 그러나 찰스는 여기에서도 도움이 되었다. 한국에 있을 때 그는 이를 많이 잡아본 전문가 아니었던가! 아내 제시는 바지의 이음새가 이들이 숨는 좋은 곳이 라고 가르쳐 주었었다. 찰스의 이 우수한 경험 덕분에 그의 부대는 영국 원정군이나 아니면 최소한 5연대에서 가장 청결한 부대가 되었다. 한 장교는 진담 반 농담 반으로 찰스에게 '군대 안에서의 이 문제'에 관한 책을 쓸 것을 제안하였다고 하였다. 흥미로운 제목이지만 그는 이것이 무엇을 의미하는지 알았다. 한 동료는 말하기를 "프랑스에서 가장 신기한 장면 중의 하나는 찰스가 그의 동료들의 이를 잡아주는 모습이었다. 한명 한명이 자신의 바지를 천천히 내리면, 찰스는 바지의 이음새를 샅샅이 살펴보는 것이었다."

전투가 소강상태가 될 때 찰스는 제시의 한 명뿐인 오빠 프레드의 무덤을 방문할 수 있었는데, 그는 갈리폴리에서 부상을 당한 뒤 영국의 왕립공군에서 복무할 시 머리를 다쳐 1917년 5월 배튠에서 21살의 나이로 사망하였다.

찰스는 사고하는 것을 얼마나 사랑하였던가! 전방에서의 생활도 그것을 멈추지 못했다.

"나는 쉽게 즐거워한다. 앉을 상자 하나와 사고 할 수 있는 우주가 있으면, 더 이상 무엇을 바라겠는가?"

30년 전쟁의 데카르트 같지 않은가? 그러나 찰스 또한 실제적이기도 하였는데, 배급을 가지고 가장 좋은 요리를 만들어 영양을 높이는 요리사에게 상을 주기도 하였다. 이것은 사실 경쟁이 심했고, 병사들 모두 관심을 갖던 일이었다.

그의 유머 감각도 그를 실망시키지 않았는바, 심각한 부상을 입은 스콧을 들것에 실어 후방으로 이송할 때 찰스는 "너는 나의 배변 주머니를 절대 잊지 못할 것이다"라고 말하였다.

그해 8월 19일 찰스는 그의 상관으로부터 추천받은 휴식과 배움의 캠프에서 다음과 같이 쓰고 있다.

"이 캠프는 군대에 관한 나의 완전한 무지 때문에 꼭 필요하다. 휴식시간에 나는 조용하고 사적인 곳을 찾아 우향우 좌향좌 뒤로 돌아 등을 연습하였고, 다른 기본적인 동작들도 습득하였다. 나는 그것이 지루하지 않았고, 나에게 만족스런 생기를 주었다."

군대에 관하여 거의 알지 못하는 사람이 그 정도 할 수 있는 모습에 조교들은 의아해하였다. 찰스가 호주에서 왔다는 배경을 모르는 승마 조교와 동료들은 연습에 잘 참가하지도 않았던 그가 말 위에 앉는 모습을 보고 놀라워하였다. 찰스가 신경학과 정신의학에 관심이 있다는 것을 대화를 통하여 안 의무장교들은 그가 후방의 병원으로 전출되어 그 일에 전념할 수 있도록 제안하기도 하였다. 그러나 찰스는 전방의 군인들에게 돌아가기를 원했고, 휴전이 되었을 때 그는 동료들과 함께 벨기움으로 행진하였다. 가는 길 도중에 그들은 영국의 조지 5세 왕과 두 명의 왕자를 만나기도 하였다.

멋지고도 가치 있는 경험이었다. 찰스는 전쟁의 압박감 속에 강한 남자가 울거나 전체 부대가 지쳐서 반응하는 모습들을 보았다. 그리고 그는 한국으로 돌아오는데, 정신의학의 선구자가 될 더 나은 자격을 갖추게 되었다.

또 다시 진주로

찰스가 한국을 비웠던 1919년, 한국 땅에는 독립 운동이 일어났
다(3.1운동을 말한다 _역자 주). 운동의 중심에 개화되고 교육받은 사
람들이 있었고, 간디의 무저항주의 모습도 있었다. 무엇보다 우드
로 윌슨의 민족자결주의 원칙이 독립의 희망의 불꽃으로 타오르게
하였다. 전국에서 학생들과 지식인들이 체포되었고, 그들의 비폭
력 저항으로 인하여 감옥에 감금되었다. 이 운동으로 독립의 희망
이 이루어지지는 못하였지만, 지난 10년 동안 모든 요직을 차지하
고 있었던 일제 강점의 관성에서 새로운 각성이 자라나기 시작하였
다. 이 운동에 여성들이 앞장을 섰다. 알려지지 않은 많은 남녀 영웅
들은 미래의 과제에 대하여 그들의 국민에게 영감을 주었다. 많은
사람들이 감옥에 있으면서 지식인들에게 배우므로 해방교육의 맛을
처음으로 보았다. 감옥이 그들에게 '우리의 대학교'가 된 것이다.

진주는 찰스가 떠나 있어도 함께한 곳이었던 것은 병원 직원들
이 세상에서 일어나는 일들에 응답하고 있었고, 병원의 직원들이
세브란스대학이나 다른 곳에서 일정기간 공부할 때 찰스가 도와주
는 것에도 만족하였다. 예를 들어 병리학을 공부하는 학생이 실험
실에서 홀로 찰스의 현미경을 들여다보며 연구하는데, 그에게는 완
전히 새로운 세계가 열리고 있었다!

직원들의 역량도 높아졌다. 한번은 조정된 봉급으로 인하여 병
원의 직원들이 파업을 계획하기도 하였다. 이 상황에서 찰스는 전

체 직원회의를 소집하여 그들에게 자신의 봉급 수준을 제시하라고 제안하였다. 이 문제에 대하여 직원들은 시간을 연장하여 토론하였고, 세탁하는 여인과 당번들이 약제사, 붕대담당자, 직원, 간호사, 의사들의 일을 대신하였다. 서로 자신의 봉급보다 다른 이들의 봉급이 더 많다고 생각하였다. 한참 후에 감사하게도 그들은 그들의 토론을 멈추었고, 자신들의 생각보다 선교부에서 제시하는 봉급의 수준이 더 적정하다고 결정하였다!

그의 형이 프랑스에서 전사한 후 찰스는 실제적인 기념을 하기로 결정하였다. 병원은 지금까지 큰 길과 연결되는 좁은 골목을 통하여 들어 와야 하였다. 도시계획으로 길을 내려면 몇 년 걸려야 하였다. 그래서 찰스는 당나귀나 인력거보다 말이나 마차가 병원으로 들어 올 수 있는 넓은 도로를 만들 수 있는 재정을 헌금하였다. 이것으로 환자들이 병원에 좀 더 쉽게 접근할 수 있는 혜택을 입게 되었다. 이것은 또한 병원의 사기를 높였는데 병원의 유니폼에 더 이상 진흙이 튀지 않아도 되었기 때문이다.

병원 사역의 영적인 면은 도전적이었다. 찰스는 그의 전쟁 경험을 통하여 정신 문제나 분열증은 종종 어떤 위기로 인하여 오는 믿음의 부족에서 야기되는 것이라고 확신하고 있었다.

"점차적으로 나는 믿음의 부족은 마음의 활력이 약화되는 과정이라는 것을 믿게 되었다."

그는 계속 말하기를 "올해 와서야 나는 정신의학 치료의 가장 중요한 문제를 알게 되었고, 환자 자신에게 필요한 것은 믿음이라고 그들에게 분명하게 말해주었다."

어느 날, 다리에 궤양이 있는 한 청년이 찰스에게 찾아왔다. 치료는 즉시 이루어졌다. 간단한 드레싱이 필요하였는데 문제는 그 청년이 치료 기간 동안 진주에 머무를 수가 없었고, 또 거리로 인하여 진주에 자주 올 수도 없었다.

"나는 간호사에게 큰 붕대 묶음과 연고를 준비하라고 하였고, 그것을 환자에게 주라고 하였다."

찰스는 계속하여 말하기를 "그는 무료로 치료도 받고 약도 받았는데, 생각지도 못할 일이 일어났다. 그 치료와 약이 무료라면 가치가 없는 것이라고 그 청년은 생각하였던 것이다. 그가 부족한 것은 믿음이었던 것이다!"

최근 일제의 칙령은 경찰관료 앞에서 문건을 발표하였는데 백인들의 노예 매매 희생자들이 포로 됨에서 자유를 얻을 기회를 주라는 내용이었다. 최근 천황의 칙령이 백인 노예 매매 희생자들에게 자유를 주라고 내려졌는데 경찰에 의해 발표되었다. 시골 지역의 한 일본 여성이 가족을 돕기 위하여 자신을 팔았었다. 그녀는 진주의 선교부에서 자신을 도울 수 있다는 소식을 듣고, 진주의 사창가로 이전해 왔다. 찰스가 그 도전을 받아들였다. 그는 그 사창가의 관리인을 찾아가 그 여인이 도망갈 수 있도록 도와 달라고 하였고, 그러면 자신이 그날 아침 7시에 버스를 탈수 있도록 동행하겠다고 하였다. 그 관리인과 경찰은 그런 일이 있으면 가만두지 않겠다고 위협하였지만, 찰스의 용감한 계획은 그들을 당황하게 하였고, 아무런 문제는 일어나지 않았다. 2년 후에도 어린 두 여성이 그들의 포로 됨에서 자유할 수 있었다.

진주에서 2년째 되는 해 초, 한 양반의 첩이 되고 그의 제안으로 교회를 다니는 한 유명하고 아름다운 기생이 찰스와 아내 제시를 만났다. 그 기생은 후에 말하기를 "그가 나에게 교회를 소개한 것이 그와의 사이를 끊게 할 줄 그 누가 생각이나 하였겠습니까?"

그녀는 과거의 생활을 포기할 의사를 밝혔는데 그러나 효행의 관습에 의하여 방해를 받고 있었다. 그녀의 아버지는 아들이 없었고, 그녀가 조상제사를 드릴 수 있는 아들을 낳을 것을 기대하였다. 그녀가 선교사들과 가까워지는 것이 힘을 줄 것이라고 생각되었다. 그래서 그녀는 매일 선교사의 집을 방문하였고, 가정 일을 돕거나, 한국어를 가르쳐주거나, 제시와 성경과 찬송을 읽기도 하였다. 한 번은 제시가 그녀에게 한국 노래를 가르쳐줄 것을 부탁하였다. 그녀는 작은 한국어 찬송가를 꺼내어 잊지 못할 표정을 지으며 말하였다.

"이것을 배우세요. 모두 순수한 노래입니다."

후에 그녀는 맥라렌이 세브란스에서 강의할 때 그의 가족과 서울을 갔었는데, 또 다른 사람이 그녀가 한 지방의 젊고 능력 있는 부지사와 첩의 관계를 맺을 것을 제안하였다. 제시는 그녀에게 그 제안을 거부하도록 설득하였지만 성공하지 못하였고, 그 제안이 거의 성사단계에 이르게 되었다. 제시는 그녀에게 한 고귀한 여인이 그런 인생으로 빠져들어 희생자가 되도록 하는 사회제도를 찰스가 탄식하였다고 말하였다.

▲ 호주선교부 직원들(1937)

"맥라렌 박사가 나에 대하여 그렇게 말하였습니까?" 그 기생이 물었다.

"만약에 그렇게 좋은 남자가 나에 대하여 고귀하다고 했다면, 이 계약을 파기하고 계속하여 기독교인의 길을 가겠습니다."

그리고 그녀는 그렇게 하였다.

이것은 운명의 아이러니였다. 아니 기독교인의 길의 승리라고 해야 할까. 그녀의 아버지가 사망하게 되었는데, 그는 예전 조상들의 방식이 아닌 기독교식으로 장례를 치러 달라고 한 것이다.

일본인들을 향한 한국인의 미움과 증오는 16세기부터 침략을 해온 시기(임진왜란을 의미함 _역자 주)까지 거슬러 올라가는데, 1910년 한일합방에 의하여 더욱 촉진되었다. 이것은 정당한데 어느 한국인도 일본에 의한 경찰국가를 원치 않았기 때문이다. 그럼

▲ 입양한 두 딸(삼색이가 찬송가를 지니고 있다)

▼ 이완군과 결혼하는 삼색이

▲ 이화여전 정경(맥라렌 부인이 정원을 설계하였다)

▼ 이화여전 학생들

▲ 옛 평양문

▼ 맥라렌 사택(서울)

에도 두 나라의 찢어진 관계를 회복시키기 위하여 노력한 많은 일본인들이 있었다.

그중 한국으로 보내진 훌륭한 총독 중에 사이토 남작이 있는데, 그는 일본 해군에서 제독으로 은퇴한 사람이었다. 한번은 그가 찰스에게 사람을 보내어 찰스는 무슨 중요한 의학 문제인 것으로 생각하였다. 그러나 그 총독은 프란시스 드레이크 경의 일생에 대한 책을 읽고 있었는데, 총독의 관심은 드레이크가 잔디 볼링으로 휴식과 안정을 취한다는 사실이었다. 총독은 호주인들도 오래된 게임인 잔디에서의 볼링을 하는 것을 알고 있었기에, 찰스도 호주인으로 볼링을 하는 줄 알았던 것이다. 그러나 찰스는 그 게임에 관하여 아는 것이 없었다. 찰스는 그가 그 게임에 관하여 모른다고 전하였지만, 기독교인이었던 그 일본인 총독과 견고한 관계를 시작할 수 있었다. 1936년 일본의 한 군대가 반란을 일으켜 사이토를 살해하였을 때 찰스는 슬퍼하였다.

진주에서의 사역이 끝날 즈음에 찰스와 제시는 막 설립된 기독여성청년연합회(현재의 YWCA _역자 주)의 첫 총무를 본인의 사택에 손님으로 맞이하여 즐거운 시간을 가졌다. 이것은 장차 서울에서의 동역을 알리는 서막이었다.

1923년 2월 레이첼 리브 맥라렌이 태어났다. 아들을 기다렸던 많은 한국인 친구들은 "나이 40에 비록 딸이라도 아이를 얻은 것으로 충분합니다"라고 환영해 주었다. 입양한 두 딸과 갓 태어난 아이, 맥라렌 부부가 서울로 이전할 때 아이 셋이 동행하게 되었다.

세브란스병원

한국의 수도 서울은 옛 성곽과 사대문을 벌써 넘어서 그 지경을 넓히고 있었다. 밤이 되면 닫히곤 했던 이 대문들은 이미 소용이 없게 된 것이다. 그러나 사람들은 여전히 남대문과 동대문을 이야기하고 있었다.

세브란스병원은 남대문 쪽에 자리하고 있었다. 서양식으로 지어진 건물인데, 미국인 알렌 박사와 미장로교와 일하던 영국인 애비슨 박사의 노력에서 성장하였다. 알렌 박사는 장로교 의사로 1884년 한국에 도착하였는데, 프랑스 기독교인 순교자 박해가 있던 18년 후였다. 그는 한국의 한 귀족이 자객들에 의하여 공격을 받아 목숨이 위태로울 때 치료하여 왕족의 신임을 얻었다. 고종 왕은 감사의 표시로 의료선교사들과 교사들에게 나라를 다시 개방하였으며, '많은 이들을 위한 도움의 장소'(광혜원 _역자 주)라는 화려한 이름의 작은 병원을 설립하였다. '세브란스'는 의학교과 간호학교를 위한 건물을 짓도록 기부한 한 미국인 가족을 기념하기 위한 이름이었다. 처음에 한국인들은 서양병원을 의심쩍게 보았지만 점차로 환자들이 많아졌고, 병원은 그 규모와 명성이 성장하게 되었다. 진료를 받는 수천 명의 환자들이 비용을 내지 못하였고, 한번은 한 해에 25,000명에 달하였다. 게다가 매년 15,000명 이상이 낮에 무상 치료를 받으므로, 한국에서 가장 큰 자선단체가 되었다.

이 병원의 놀라운 일은 선교사들이 연합하여 운영하였는데, 이것은 자기 고향에서는 보통 볼 수 없는 매우 관용적인 모습이었다. 그런데 병원 의사 중에 소아과와 신경학과 전문가가 없었기에, 병원은 맥라렌 의사를 두 팔 벌려 환영하였다. 병원은 그에게 따뜻한 악수와 작은 사무실을 제공하였고, 축복해 주었지만, 나머지는 스스로 알아서 찾도록 하였다. 그는 선교부와 친구들의 지원으로 8개의 침대가 있는 병동을 설립하였다. 땅은 병원에서 주었지만, 그러나 연례 보고서에 의하면 병원설립은 호주선교부의 안건이었다. 전체 인구 2천만 명의 나라에 찰스는 단 한 명의 정신신경학 의사였다.

서울은 산으로 둘러싸여 있는 도시이고, 가장 유명한 산은 북한산이다. 제시는 그들의 새 집을 위하여 좋은 장소를 물색하고 있었고, 북한산이 잘 보이고 오래된 성곽이 지평선 끝에 보이는 한 장소를 선택하게 되었다. 그러나 이 사택을 영국인의 성으로 부를 수 없는 것은 찰스가 병원이 가득 찰 경우 치료를 위하여 환자를 집으로 데리고 오기 때문이다. 뿐만 아니라 때로 숙소를 찾지 못한 선교사들이 이 집을 방문하기도 하였다. 그들 대부분은 지방에서 사역하다 올라왔기에 5년 전 모습의 옷을 입고 나타났다. 얼룩덜룩하게 보이는 사람들로 집은 넘쳐나기 일쑤였다. 선교부의 우리 젊은 선교사들은 찰스와 제시를 대단히 존경했다.

제시는 행복하였다. 그녀의 친구들을 접대할 수 있고, 가난한 한국인들을 먹이고 돌보아 줄 수 있어서 뿐만이 아니라, 이화여자대학교에서 그녀가 봉사할 수 있는 좋은 기회를 찾을 수 있었기 때문이다. 그녀는 멜본대학에서 역사와 철학을 우등으로 졸업하였기에 역사와 성경을 가르치기 시작하였다. 꽃을 열정적으로 사랑했던 그녀는 후에 이화여자대학교 새로운 캠퍼스의 명예 관리사로 임명되었다. 제시는 정원을 설계하였고, 잔디와 작은 나무들을 구하기 위하여 여러 곳에 사람들을 보내어 문의하였다. 정원의 식물들은 아름답게 자랐으며 잔디도 잘 정착을 하였으나, 부근 지역의 무덤들은 벌거벗게 되었다. 제시는 충격을 받았는데 심부름꾼들이 무덤에서 잔디를 떠 온 것을 알았기 때문이다. 이것으로 왜 그들이 보름달이 뜬 날에만 잔디를 가져왔는지 설명이 되었다. 심부름꾼들은 상관하지 않았지만 무덤을 소유한 친척들은 그러한 모독 행위에 대하여 분노하였다.

서울의 소수 그룹들 중에 아무도 백러시아인들보다 더 어려운 상황에 처해 있지 않았다. 1917년의 러시아혁명 후 많은 이들이 하얼빈과 목단으로 이주하여 왔고, 한국의 원산으로까지 내려 왔다. 일본인들은 보통 그들을 공산 주적이라고 의심을 하였는데, 그 사상이 그들을 고향에서 몰아내었음에도 불구하고 말이다. 일본인들은 그들을 나쁘게 대하였고, 여권이 없던 그들은 다른 곳으로도 갈 곳이 없었다.

어느 날 저녁은 매라렌 가족이 남쪽의 선교공의회 모임에 가려고 준비하고 있었는데, 알고 있던 한 불쌍한 백러시아인 여성이 찾아와 일본 경찰이 자신의 오두막집을 부수어 잘 곳이 없다고 하였다. 그녀는 혼자가 아니라 닭 70마리와 몇 마리의 염소도 가지고 있었다. 그녀는 또한 병으로 심하게 앓고 있어서 즉시 병원으로 데리고 갔다. 닭과 염소들은 세탁소에 맡기었다. 모임에서 돌아온 맥라렌은 그녀가 손목을 긋고, 독약을 마시고 그리고 목을 매어 자살한 것을 알게 되었다. 백러시아인 친구가 말한 대로 "그녀는 정말 죽기를 원하였다!"

찰스는 그의 직원들을 사랑하였다. 그들의 문제와 즐거움을 찰스는 자신의 것으로 여겼다. 한번은 2년 전에 신경쇠약으로 고통을 당한 젊은 의과 학생을 자신의 조수로 임명하였다. 그 학생은 몇 달간 정신병원에 입원하기도 하였지만 완전하게 회복되었고, 진료소에서 실습기간을 가지기도 하였다. 찰스는 그의 회복을 기뻐하였고, 그를 위하여 그의 의과 공부를 갱신하는 비준도 받도록 준비하였다. 이 일은 학과에서 논의 되었고, 그러나 그러한 병력을 가진 사람을 다시 받아 주지는 않았다. 이것은 자연스런 결정이었지만, 찰스는 분개하였다.

그는 말하였다. "이렇게 하여서는 안 됩니다. 정신병으로부터 고통을 받은 환자를 향하여 어쩔 수 없고 치유될 수 없다고 생각하고, 재발을 두려워하는 우리의 태도는 이런 병을 가진 자들에게 도움이 될 수 없습니다."

찰스의 표어는 원인을 찾아 치유를 하고 그리고 환자를 회복시키라는 것이었다.

"병 고침의 희망을 부정한다면, 거의 미신으로부터 구별되지 않는 운명론에서 탈피하지 못하고 있는 것이다."

찰스는 계속하여 말하기를 "그것은 과학적인 의학과 기독교를 부인하는 것과 같고, 그 두 가지는 자연은 이해될 수 있고, 통제될 수도 있다고 우리에게 가르치고 있기 때문이다."

찰스는 자신이 시간을 거슬러 열렬히 싸우고 있다고 느끼었다. 한국인을 훈련시키는 것이 그의 주목적이었을 것이다. 서양의 전문가 2세가 기독교 교육을 더 이상 하지 못할 것이라는 것이 몇 가지 이유로 점차로 분명해지고 있었기 때문이다. 그러므로 이 사역이 계속되려면 한국인들이 가능한 빨리 훈련이 되어야 하였다. 그는 본인의 조수 이 박사(이중철 박사_역자 주)가 비엔나 가기를 희망하였지만, 그 자신이 경비를 제공할 수는 없었다. 그는 기도하였고, 결국 호주에서 300파운드의 헌금이 들어왔다.

전운이 감돌고 있었다. 일본은 중국에서 전쟁을 통하여 얻기 원하는 것보다 더 많은 것을 위하여 준비하고 있었다. 매 순간 큰 전쟁이 일어날 수 있었다. 찰스는 일하면서 "주님, 시간을 조금만 더 주십시오"라고 기도하였다.

제시와 레이첼은 호주로 떠났고, 찰스는 계속 일하였다. 하루하루가 중요하였고, 그러나 그의 일은 아직 완성되지 않았다. 1941년 3월 그의 휴가가 다가왔는데, 찰스는 한국에 남기로 결정하였다. 지금은 기독교인 의사가 절실한 때라고 믿었기 때문이다.

감옥에서

모든 기독교인들도 신사참배를 하라는 일본제국의 최후통첩은 교회와 선교를 몰락시킬 위협이었다. 어떤 선교사들은 그 명령에 복종하여 교회와 학교를 구하기 원하였고, 다른 선교사들은 선교의 기회와 교육기관을 잃어버릴 수 있다는 것을 알면서도 거절하였다. 찰스에게 이것은 분명하였다. 신사에는 하나님이 부재하고, 그러기에 기독교인은 참배할 수 없었다. 신사참배의 논쟁 중에 찰스는 입장이 분명한 사람이었고, 만약 전쟁이 일어나면 그는 즉시 체포될 것이었다.

호주 해군에서 일하였고, 해군이 주둔해 있던 마산에서 사역하던 필자도 항상 스파이로 의심을 받아왔다. 전쟁의 발발이 분명해지자 어느 아침 필자(에스몬드 뉴 선교사 _역자 주)의 비서가 "선교사님은 즉시 떠나야 합니다"라고 말하였다. 감사하게도 그때 필자는 휴가의 계획이 있었고, 떠날 수 있었다. 점점 전쟁이 임박해지자 선교부의 여성들과 아이들은 고국으로 떠났고, 선교부의 다른 직원들도 크게 감소되었다. 맥라렌 박사, 라이트 목사 부부, 레인 목사 부부만 남았다.

일본의 진주만 공격은 모두에게 큰 충격이었다. 이제 이들은 자신들이 적의 영역에 있다는 것을 알게 되었다. 이 공격이 있은 그날 아침, 한 한국인 형사가 찰스에게 전쟁이 일어났다고 알려주었다. 같은 날 저녁 몇 명의 경찰이 사택을 방문하였다. 찰스는 처음에 평

소처럼 인터뷰를 위하여 온 줄 알았는데, 그는 체포되었고 경찰서로 연행되었다.

찰스는 증언하였다.

"옷은 벗기어졌고, 벗긴 채로 구치소로 들어섰다. 사도 바울의 말이 스쳤다. "아무것도 그리고 벗겨짐도 예수 그리스도 안의 하나님의 사랑에서 나를 갈라놓을 수 없다.' 이때는 한겨울이었고 추웠다. 조금 후에 그들이 나의 옷을 돌려주어서 반가웠고, 담요와 가운도 주었다. 구치소에는 아무 가구도 없었고, 베게는 나무토막이었고, 변기 자루는 바닥에 있었다. 공기는 순환이 잘 안 되었고, 벽에 창살이 있는 구멍이 전부였다. 그 구멍을 통하여 들어오는 빛을 보며 시간을 추측하였다. 책도 읽을 수 없었고, 이야기도 금지되었다. 11주 동안에 단 한 번 씻을 수 있었다. 한 번 씻을 때 나는 다른 죄수와 함께 포승줄로 묶여 구치소 밖으로 나갔었다. 화장실 종이가 필요할 때 소리를 지르면 간수가 화장지를 돌돌 말아 창살 안으로 던져주었다. 나의 한국인 봉사자들이 뜨겁고 영양가 있는 음식을 날라주는 것을 허락하였다. 처음에는 구치소 방에 혼자였지만 곧 많은 사람들로 채워졌다. 열 명의 죄수들이 나와 함께 15-15 피트의 방을 공유하였다. 작은 규정이라도 어길 시면, 즉시 체벌이 가하여졌다. 죄수들을 넘어트리고 구타하는 것이다. 다른 형태의 벌은 머리 위로 양손을 오래 들고 있는 체벌이었다.

나는 한국인 죄수들과 희망을 가지고 신실하게 나눌 수 있는 기회를 가졌는데, 사도 바울이 감옥에 있을 때 쓴 말들이 새롭게 다가

왔다."

몇 번 항의 끝에 찰스는 그의 안경과 신약성서 그리고 일본어 책을 받을 수 있었다.

아마도 내 의사 생활 중 가장 이상하였던 진찰은 내가 감옥에 있었을 때 한 진찰들이었을 것이다."

그는 계속 말하였다.

"내가 의사고 특히 정신병 의사라는 것을 간수가 들었던 모양이었다. 그는 성 신경증 노이로제 환자였고, 그런 종류의 분명한 성격을 가진 남자였는데 성에 대한 염려로부터 치유되기를 바랐다. 그는 무료로 치료 받을 수 있는 좋은 기회를 만났다고 생각하였다! 이 상황이 나에게 무척 흥미로운 것은 그는 간수의 높은 곳에 앉아 우리를 감시하고 있었는데, 거기에서 가장 사적이고 내적인 자신의 증상과 괴로움을 소리쳐 나에게 설명하며 치료의 방법을 물었다. 다른 죄수들도 모두 물론 그 내용을 들으며 관심을 갖는 것이었다. 나는 그의 병을 잘 알았고, 그 병의 징조와 어떻게 고쳐야 할지 나도 소리쳐 진단을 하였다."

"아마 내 안에는 영국인의 기질이 있었다. 나는 구치소 안에서 나의 품위를 지키려고 노력하였다. 씻을 수도 없고, 신발도 없고, 셔츠도 넥타이도 없고, 수염도 나고, 손톱은 발톱같이 되었지만 말이다. 그럼에도 불구하고 할 수 있는 만큼 노력하였다. 마시는 물 한 방울 한 방울로 씻기도 하고, 바닥에서 쪼개진 나무 조각으로 나의 손톱을 정리하고, 손가락은 머리를 빗는데 유용하였으며 그리고 나의 옷도 깨끗이 하려고 최선을 다하였다. 나는 우울하지 않았고, 쾌활하게 있었다."

"싱가포르가 함락되었을 때, 나의 기도가 잘못되었다고 조롱을 받기도 하였다. 나는 '그렇지 않습니다. 나는 싱가포르가 함락되지 않기를 기도한 적이 없습니다'라고 대답하였다.

"구치소 간수들은 죄수들 모두가 동경을 향하여 절을 하도록 주장하였다. 나는 매일 아침 무릎을 꿇어 기도하였는데, 동경을 향하여서 만큼은 하지 않았다. 한 간수가 이것을 눈치채고, 왜 하늘의 아들 천황폐하를 향해 기도를 하지 않느냐고 내게 물었다. 나는 기독교인으로 그렇게 할 수 없다고 설명하였다."

"그의 대답은 프랑스에서의 한 사건을 생각나게 하였다. 당시의 배급은 돼지고기와 콩이었는데, 회교도였던 한 중국인은 고기를 골라내었다. 하사관은 그것으로 짜증이 났는데 내가 그 상황을 설명해 주었다. '그에게 말하시오.' 그가 대답하였다. '영국군에는 오직 영국의 기독교와 천주교 두 개의 종교만 허락됩니다. 배급을 다 먹으라고 하시오.'"

찰스는 구치소에서 깊은 생각을 할 수 있는 시간이 있었는데, 그가 좋아하는 과거에 관한 것이었다. 만약 찰스가 호주로 돌아갈 수 있다면 그곳의 경찰서를 방문하여 그들은 어떻게 하는지 보고 싶어 하였다. 그는 호주에서는 주전자 고문을 하지 않을 것으로 확신하였는데, 죄수를 거꾸로 매달고 뜨거운 물에 고춧가루를 풀어 코에 붓는 고문이었다. 혹은 죄수에게 전기고문을 가하거나 기절할 때까지 구타하는 고문이었다. 하루는 구치소에 병원의 원장 김 박사(김준기 박사 _역자 주)의 목소리가 들려 찰스는 자기를 도우러 온 줄로 알고 크게 기뻐하였는데, 알고 보니 그도 체포되어 온 것이었다.

찰스는 그가 감옥에 갇힌 것을 하나의 교육의 기회로 여겼는데, 그것은 동아시아를 향한 일본이 말하는 새 질서의 '축복'이 무엇인지 이해하는 경험이었기 때문이다. 더군다나 후에 그들이 침략한 다른 나라에서도 일본군이 어떤 행위를 저질렀는지 충격적으로 들은 이야기는 그것을 더 확인하게 하였다.

이 벌레를 다루는 기술의 전문가인 찰스도, 감옥에서는 이에게 패할 수밖에 없었다고 고백하였다. 이가 이긴 것이다! 간수 한명은 그를 불쌍히 여겨 몰래 살충제를 주었는데, 그는 그것으로 이 관리를 잘하여 더 이상의 문제는 없었다. 찰스가 정말 감사하였던 것은 그 간수가 따뜻한 손으로 그의 어깨에 손을 얹고 토닥여 준 것이었다.

감방에 있을 때 하나님이 함께 하셨다는 것을 찰스는 확신하였다. "어떤 신성한 장소에서 내가 예배를 드렸을 지라도, 이곳보다 하나님을 가까이 느낀 곳이 없다. 나는 내 친구들을 위하여 기도하였고, 한국인 기독교인 동역자들을 위하여 기도하였고, 나의 원수들을 위하여 기도하였고, 나의 가족들을 위하여 기도하였고, 세상의 교회를 위하여 기도하였다. 구속되어 있던 시간이 나에게 가르친 것은 '돌 벽이나 철장이 감옥을 만들 수 없다는 것이다.' 사람의 영혼은 자유롭고, 상상력을 통하여 가장 두꺼운 벽이나 가장 깊은 지하에서 벗어 날 수 있다."

감옥에서의 70일이 지난 2월 23일, 찰스는 다른 호주 선교사 네 명이 연금되어 있던 선교사의 사택으로 이송되었다. 이것은 놀라운 재회이었다.

그들이 한국에서 떠날 때 모두 의기양양했다. 선교사들이 곧 떠난다는 것을 전해 들은 한국인들은 길가에 줄지어 서거나 항구까지 밀고 들어왔고, 찬송을 부르며 기쁘고 사랑스러운 환송을 해주었다.

그러나 실은 슬픈 날이었다. 선교사 모두 한국을 사랑하여 왔는데, 언제 다시 돌아올 수 있을지 몰랐고, 그들의 한국인 친구들의 운명도 몰랐기 때문이었다. 일본 고베에서 선교사들은 두 달간 머물다가, 만주와 몽골에서 추방된 사람들과 만났다. 교환 선 '타추타마루'호를 타고 그들은 동아프리카 포루투칼령 로렌코 마키스로 항해하였다. 11월에야 호주에 도착할 수 있었다.

호주로 귀국

1942년 11월.

"드디어 호주다! 얼마나 풍요롭고 얼마나 좋은가! 얼마나 부유하고 따뜻한 환영인가! 여행은 사랑하는 사람들과의 만남으로 끝났다…. 이제 우리는 호주로 돌아왔고, 혼란스러운 이 세상을 보다 낫게 하기 위하여 우리의 몫을 해야 한다"라고 찰스는 쓰고 있다.

호주의 상황도 긴장되어 있었다. 커틴 수상은 초토화 정책에 대하여 말하고 있었고, 일본의 침략에 대해 진짜로 두려워하고 있었다. 찰스는 또 전쟁에 참여하기를 원하였지만, 그러나 복무를 하기에는 이제 나이가 너무 많았다. 대신에 호주 군대는 그의 일본어 지식을 활용하였고, 그는 교육부서에 속하게 되었다. 그는 많은 인력을 대상으로 강의를 광범위하게 하였고, 지도자들은 그것에 큰 감사를 표하였다. 그러나 때로 그의 강의가 군대보다 앞서 나가는 것이 아닌가 생각되기도 하였다. 그들은 모든 일본인을 야만인으로 여기지만(원본에는 야만인이라는 첫 자만 쓰고 있다 _역자 주), 찰스는 일본인을 정신적으로 병이 있는 사람으로 가르쳤다. 그의 강의의 본질은 '일본과의 평화를 위한 서언'에 나타나고 있는바, 참된 문제의 해결은 단순히 호주와 일본과의 화해가 아니라 일본과 하나님과의 화해라고 찰스는 쓰고 있다. 두 번째 판의 서언에 맨지스 경은 다음과 같이 쓰고 있다.

"맥라렌 박사는 뿌리까지 파고든다. 그는 빗나가지 않는 정확성으로 참된 평화는 사람의 영과 가슴에 있는 그 무엇이라고 일깨워주고 있다. 사람이 중요하다. 우리가 기독교를 믿는다면, 새로운 세상의 근본적인 요소를 볼 수 있어야 한다. 이것은 항상 말하기는 쉽지만, 적용하기는 심오하게 어려운 종교이다."

찰스는 무저항이 충분하지만은 않다고 생각하였다. 평화주의자들은 전쟁은 살인이라고 한다. 전쟁을 그렇게 말하지 말아야 할 것이 정확하지도 않고 도움이 되지도 않기 때문이다. 만약에 전쟁이 살인이라면, 전쟁을 일으키는 사람들은 살인자인 것이다. 우리는 "누구에게도 악의적이지 말고 선의를 베풀고, 정의를 위하여 싸우라"고 한 아브라함 링컨을 그렇게 부를 수 있을까. 하나님은 그가 회피하려고 하였던 시민전쟁에 정의를 보게 하셨다. 찰스는 이 논리를 따랐다.

"나는 전쟁의 참혹성을 묵과하지 않는다. 그러나 그것에 대하여 우리는 보다 분명하게 생각하여야 한다."

찰스는 기도와 성경묵상 속에서 살았지만, 그가 무엇을 말하려고 하는지를 잘 이해 못하는 장로교 총회의 형제들이 있었다. 스터키 목사는 말하였다.

"그가 때로 성경의 놀라운 의미를 발견하여 총회에서 발언할 때마다 그것이 과장되고 어려워 이해하지 못하였다. 그러나 총회원들은 찰스가 하나님의 놀라운 사람 중의 하나라는 것을 항상 인정하고 있었고, 태초부터 인간을 궁금하게 하는 어려운 숙제와 씨름하며, 그가 응답을 찾아 왔다는 사실이다."

한번은 총회에서 공산주의에 관한 논쟁이 있었는데, 기독교인의 입장에서 이것에 관한 교회의 정책을 분석하여 발표하라는 요청을 찰스가 받았다. 멜본신문사의 직원 한 명에게도 이 보고서가 주어졌다. 보고서를 읽은 그 직원은 두주동안 고심을 하다가 말하였다.

"이것은 현재 나를 넘어서는 내용입니다. 몇 년 뒤에 다시 읽으면 아마 분명하게 알게 되고 또 진실이라고 할 수 있겠지만 말입니다."

필자는 이것을 찰스와 상의를 하였다.

"나는 항상 당신을 폐어의 종류라고 생각하였습니다. 내가 뉴기니 해안에 있을 때 그곳의 사람들에 의하여 매혹되었는데, 원시림의 진흙과 습지에서 그들이 나와 맹그로 나무를 기어오르고 주변을 둘러보다 다시 돌아가곤 하였습니다. 아마 다른 물고기들은 그들이 무슨 말을 하는지 알아들을 수 없었을 것입니다. 이것이 아마 내가 종종 느끼는 당신의 모습입니다. 우리 보통 인생들은 습지에서 너무 오래 살고 있습니다."

찰스는 공산주의의 실수는 하나님이 부재하다는 사실이라고 확신하였다. 그의 책은 순례자 동료들이 생각과 행실의 적절한 길로 전환하도록 하기 위함이었다.

호주로 돌아온 후 찰스는 엄청난 에너지로 각종 교회 투쟁에 헌신하였다. 그는 항상 호주의 백호주의에 대하여 큰 반감을 가지고 있었다. 또한 그는 감보아 사건에 분개하였는데, 한 미국 군인이 호주 여인과 결혼하였는데 그의 호주입국이 거부된 사건이었다. 이유는 그 미국 군인이 필리핀 배경을 가진 남성이었기 때문이다. 찰스는 그의 의견을 공개적으로 알리기 위하여, 선거에서 이민성 장관 칼웰 경을 반대하였다. 그는 정치판에 뛰어들 생각이 전혀 없었지만 이런 행동으로 호주 여론에 영향을 미칠 수 있는 좋은 기회를 가졌다. 찰스는 이 선거운동에서 비록 졌지만 매우 유익한 시간을 가졌다.

필자가 한국과 말라야의 로얄호주공군에서 얼마 기간 힘든 복무를 하고 돌아올 때, 우연히 같은 전차에 찰스와 함께 타게 되었다.

"요즘 어디에 있습니까?" 그는 물었다.

"예. 나는 시골에 있습니다. 거기에 쉬러 갔습니다."

"거기서 무엇을 하십니까?"

"생각합니다." 나는 대답하였다.

"농담하지 마세요."

찰스가 말하고는 덧붙였다. "사람들은 나에게 항상 그렇게 말합니다."

사실이었다. 찰스는 항상 생각하였고, 많은 시간을 할애하는 사고 내용은 "어떻게 우리는 하나님의 능력을 정신병에 빠질 수 있는 인류를 위하여 사용할 수 있을까?"였다. 그의 생각에는 이것이 음악처럼 항상 되풀이되었다. 리차드 스타웰의 연설처럼 그는 쓰기를 "그제나 지금이나 중요한 질문은 '우리 모두를 구원할 진리는 무엇인가?' 비웃듯이 말하는 깊은 우물의 밑바닥이 아닌 것은 확실하다. 나는 믿기를 우리의 삶을 위한 간단하고 실제적인 진리는 해가 뜨면 자신의 머리를 이기심과 자만과 두려움으로 깊은 터널에 가두지 않는 한 그 빛을 볼 수 있다는 것이다. 삶의 진리는 우리 인류를 위한 위대한 의사이자 선생인 예수 그리스도를 통하여 인간에게 왔다."

찰스는 그의 말년까지도 사람들의 심리와 그 병에 관심이 있었다. 그는 멜본의 위대한 의사 존 피셔 윌리암스와 매우 가깝게 지내었다. 윌리암스 박사가 갑자기 사망하자 찰스는 다른 의사가 부임할 때까지 그의 자리에서 뛰어들어 기꺼이 일을 하였다. 찰스는 그의 에너지로 다른 이들과 함께 윌리암스 박사가 시작한 일을 지속하기 위하여 기념 진료소를 계획하고 설립하는데 앞장을 섰다.

어떻게 보면 찰스는 그의 주인과 살기 전에 봉사를 위한 에너지를 회복하는 인도 여름 같은 경험을 하고 있는 것인지도 모른다. 그는 호주기독학생운동을 위하여도 쉬지 않고 일하였다. 그는 교회의 공공관계위원회에서 활발하게 공헌하였고, 해외선교에도 그의 관심을 절대로 놓지 않았다. 또한 그는 의사들을 모아 인도의 밸로레 의과대학에 관한 관심을 갖도록 격려하였다. 그는 몇 권의 소책자를 발행하였고, 시간이 될 때마다 아직 출판되지 않은 원고 '예수 그리스도의 부활'을 다시 쓰고는 하였다. 사실은 몇 년 전에 그는 그 원고를 완성하였지만 인쇄하는 것을 주저하였다. 좀 더 깊은 영감이 오리라고 느꼈기 때문이다. 1957년 10월 그날, 어렵거나 깊지도 않은 강을 건널 때가 왔다. 만약 누가 가장 주목할 만하고 사랑스러운 찰스의 일생을 한 마디로 정리한다면, 찰스 자신의 말 속에 있다.

하나님 없는 사람은 어디에도 갈 수 없다,
하나님과 동행하는 사람은 어디에나 갈 수 있다.

2장

일본 경찰
구치소에서의 11주

Eleven Weeks in Japanese Police Cell

Charles McLaren

Issued by The Foreign Mission Committee,
Presbyterian Church of Victoria
(Melbourne: Australia, 1943)

일본 경찰 구치소의 수감자가 된 나의 개인적이고 전반적인 배경은 이러하다.

나의 아내와 나는 1911년 한국에 도착하였다. 호주장로교 선교부의 새로운 회원이었고, 젊었었다. 우리에게 주어진 첫 번째 사역은 진주 배돈병원의 일이었다. 1915년 선배 동료(휴 커를 선교사 _역자주)의 사직으로 나는 그 병원의 원장이 되었다. 그 후 우리는 1923년에는 서울에 있는 세브란스병원의 신경정신과를 맡아 서울로 가게 되었다.

1939년에 임시 과제로 나는 진주에서 다시 일하였고, 나의 아내와 딸은 서울의 사택에 머물렀다. 아시아에서의 긴장 고조 상황에서 자신들의 정부 지시에 의하여 미국인 선교사들은 1940년 10월 대부분 철수하였다.

1941년 3월 아내와 딸(딸은 학교를 마치고 계속 교육을 받을 계획에 있었다)은 호주로 향하여 떠났고, 같은 해 5월에는 선교부의 독신 여성 선교사들도 호주로 돌아오라는 호주 총회 국내선교부의 권고를 마지못해 받아들였다. 한국 진주에 남아있는 유럽인은 오직 나 혼자였다.

1941년 6월 히틀러의 갑작스러운 러시아에 대한 전쟁포고로 인하여 일본은 깊은 충격에 빠졌고, 이것은 일본의 러시아와의 관계를 불확실하게 하였다. 만주 국경의 일본 군대에 큰 지원 병력이 급파되었다. 일본인들에게도 여행은 크게 제한이 되었고, 외국인인 우리에게는 금지되었다. 이때쯤 우리의 상황은 거의 포로 수준이었는데, 새 법령은 일본 경찰의 허가 없이 나라를 떠나는 것을 금지하였다. 높아지는 경찰의 압력으로 한국인을 만나는 것이 점점 어려워졌고, 한국인들에게도 위험하여졌다. 그리고 병원에서의 나의 일도 포기하여야 하였다.

진주에서 체포되다

12월 8일 운명의 날 아침(이날 일본은 하와이 진주만을 폭격함으로 태평양전쟁이 시작되었다 _역자 주), 나를 감시하도록 한국인 경찰이 배정되었고, 그는 일본어 공부를 하고 있던 나의 집까지 찾아왔다. 그는 나에게 사적으로 만나자고 하며 알려주기를 일본군이 하와이를 폭격하여 전쟁이 일어났다고 하였다. 나는 내가 집안에만 있어야 하는지 나의 거처를 물어보았다. 그는 자신도 정확하게 모른다며 나중에 알려주겠다고 하였다.

그날 저녁 8시 바로 전 한국인과 일본인 경찰 6명이 집에 찾아왔다. 처음에 나는 인터뷰하기 위하여 방문한 줄 알고 집으로 들어오라고 하였다. 그러나 그들의 태도와 행동은 곧 심각한 상황을 드러내었다. 나는 폭력 없이 체포되었고, 기다리던 차로 이송되었다. 친절한 한 한국인 경찰은 나에게 미안하다고 하였으나, 그때는 전시 중이었다.

그들은 나를 경찰서에서 한 시간 정도 기다리게 하다가 부서장이 방으로 들어왔다. 나를 특별히 보기 위하여 근무 후 시간에 온 것으로 생각되었다. 그는 말하기를 나는 적국의 시민으로 체포된 것이나 일본의 배려로 부당한 대우는 받지 않을 것이라고 하였다. 후에 그는 또다시 이 주제로 돌아가 미국에서 잡힌 일본인 피억류자들이 받는 충격적인 대우와 일본의 행동을 비교하면서 자신들의 입장을 말했다.

그리고 앞으로 11주 동안 지낼 구치소 방으로 나는 안내되었다. 구치소는 12개의 방으로 되어 있었고, 위에 6개 아래에 6개 방으로 반원형 혹은 원형극장의 형태였다. 한 교도관이 연단에 앉아 아래 층까지 연결되어 12개의 방을 모두 통제할 수 있었으며, 창살을 통하여 방안에서 무슨 일이 일어나는지 다 관찰할 수 있었다. 복도는 그 창살 앞에 둥글게 나 있었다.

이 복도를 통하여 나에게 배당된 방의 문으로 인도되었다. 그들은 나에게 벗으라고 하였다. 그리고 방문이 열렸고, 벗은 채로 구치소 방으로 들어갔다. '정말 내가 다 벗고 서 있으라는 것인가?' 그곳에 서 있으며 생각하였다. 그때 사도 바울의 말씀이 섬광처럼 스쳤다. "아무것도 그리고 '헐벗음'도 우리를 우리 주 그리스도 예수 안의 하나님의 사랑에서부터 떼어낼 수 없다"는 이 말씀으로 나의 감옥 생활을 시작하였다.

그들은 내 옷을 검사하였다. 주머니에 있던 것들과 자살의 도구로 쓰일 것 같은 끈, 넥타이와 혁대는 압수되었다. 신발을 제외한 옷이 다시 창살 안으로 들어왔고, 비로소 나는 입을 수 있었다. 이때는 한겨울이어서 매우 추웠는데, 잠시 후에 나의 집에 있던 깔개와 담요 그리고 따뜻한 잠옷을 들여보내 주는 것이 허락되어 매우 기뻤다. 방안에 가구는 하나도 없었다. 나무 바닥에 앉거나 바닥에서 자야 했다. 밤에는 나무토막 하나가 베개로 주어진다. 변기는 바닥에 자루로 되어 있었다. 다행히 나는 위층에 있었는데 그곳의 변기는 나무덮개가 있었다. 날씨가 추워 냄새가 그렇게 나쁘지 않았고,

나중에는 그것을 거의 의식하지 못하였다. 건물은 새것이었고, 구치소 방은 깨끗하였다. 환기는 나빴지만 한국의 한겨울에는 그것도 환영이었다. 전깃불은 방 바깥벽에 있는 불투명한 전구에서 나오고 있었다. 창문은 너무 높아 보통 한국인들은 내다볼 수 없지만 나는 발끝으로 서서 바깥세상을 희미하게 볼 수 있었다. 나는 창밖에 있는 포플러나무의 그림자를 보고 몇 시인지 알 수 있는 전문가가 되었다. 낮에는 빛이 좀 더 들기 원하였다면, 밤에는 눈을 찌르는 전구 빛으로 시달려야 하였는데 그것에 습관이 되든지 아니면 무엇으로 전구의 빛을 가려야 하였다.

구치소에서의 생활

하루일과는 오전 7시 기상을 알리는 교도관의 소리로 시작이 된다. 그리고 바닥에 앉는다. 그것이 전부다. 이야기를 하여도 안 되고 책도 허용되지 않는다. 교도관이 봐주면 일어설 수도 있고, 심지어 방 안을 걸을 수 있도록 하였지만 대부분의 수감자는 할 수 없었다. 그러나 나에게는 이것이 특권으로 허용되었다. 빨래는 할 방법이 전혀 없었다. 11주 동안에 단 한 번 나의 몸을 씻을 수 있었는데, 다른 이유로 병원으로 호송 갔을 때였다. 교도관이 눈감아 주어 그곳에서 씻고 속옷을 갈아입었다. 그 후 속옷을 한 번 더 갈아입을 수 있는 기회가 있었다. 한번은 나의 손을 씻을 수 있도록 물 한 양동이가 제공되었다. 소년 죄수 한 명과 포승줄로 묶여 방을 나가 지문을 찍을 때였다.

평상시에는 교도관으로부터 얻은 마실 물이나 남은 차에 손수건을 묻혀 대신 씻었다. 또한 사과껍질로 피부를 닦거나 치약처럼 쓰는 것도 좋은 방법이었다. 하루 한 개의 사과가 건강을 지키게 한다는 오래된 금언처럼, 치과 의사나 양동이로부터도 멀어지게 한다.

구치소에서 첫날이 지나 화장지를 사용할 수 있다는 사실에 나는 안도하였다. 교도관에게 화장지가 필요하다고 소리치는 것이 처음에는 창피하였다. 그러면 그는 화장지를 작은 공처럼 돌돌 말아 연단에서 던지는데 내 방의 창살을 통과하여 방으로 떨어지면 받는 식이었다. 나중에 내가 듣기로는 서울의 감옥에서는 화장지도 제공되지 않았다고 한다.

나는 음식은 잘 먹었는데 집에서 음식을 날라주는 것이 허용되었기 때문이다. 나의 한국 여성 직원과 다른 한국인 친구들에게 영원히 감사한 것은 그들 자신의 가난과 경찰과의 마찰에도 불구하고, 자신을 희생하는 노력으로 신실하고 충성되고 풍부하게 나에게 따뜻하고 영양가 있고 충분한 음식을 제공하였기 때문이다. 때로 이런 음식 등을 제공하는 것이 어려운 상황도 나타났지만, 나에게는 불충분한 것이 없었다.

구치소 방에서의 처음 며칠은 혼자였다. 그러나 곧 사람들이 차기 시작하였다. 15제곱피트의 방에 최대 10명의 수감자가 수용되었다. 다행히 밤에 모두 누울 수 있는 공간은 되었다. 내 방에 수감된 다른 사람들은 모두 한국인이었고 대부분 예의 바른 편이었는데, 이것은 그들의 성격보다도 일본 경찰 제도의 문제점을 드러나게 하였다. 일본인 수감자도 있었지만 내 방에는 없었다. 물론 경찰 구치소에 수감된 80여 명 중에 진짜 범죄자도 있었다. 여성도 몇 명 있었고, 그들은 다른 방에 수감되었다. 그들과 교도관의 대화 내용은 그들이 겸손하다는 사실을 말하여 주지는 않았다.

작은 사건들이 우리의 교도소 생활에 큰 불안을 드리우게 하였다. 매일 진행되는 소란스러운 각 방 검사 시간이 그것이었다. 검사 시에는 수감자 한명 한명에 대한 상세한 조사도 있었다. 작은 법규의 위반이라도 발견되면 즉시 폭력적인 결과가 초래되었는데, 따귀를 맞거나 아니면 나무 바닥에 넘어뜨려 발로 채였다. 교도관들은 이런 폭행에 숙련되어 있었다. 그들은 이런 상황을 위하여 특별히 주짓수(jujitsu: 일본의 무술로 그로부터 유도가 발전됨 _역자주)를 배운 것으로 나는 생각하였다. 다른 방법의 체벌은 짧게 혹은 긴 시간 손을 어깨 위로 높이 들게 하는 것이었다. 나 개인에게는 어떠한 폭력도 쓰지 않았지만, 다른 이들이 당하는 모습을 보며 나는 분개하였다.

우리 수감자들 서로가 대화를 나누는 것이 허용되지 않았지만, 실제로는 많은 귓속말이 오고 갔다. 우리는 곧 당번 교도관들의 특이한 성격을 다 파악할 수 있었고, 무엇을 해도 되는지 혹은 하지 말아야 하는지 파악할 수 있었다. 학교 시절 학생 수준의 도덕으로 돌아가 교사의 눈치를 살피며 규정을 어겨도 걸리지 않을 방법을 생각하였다. 내 방의 한 수감자는 중년 남성으로 지역의 한 중학교 선생으로 재직하였었다. 그는 중국에도 갔었다. 그와 나는 흥미로운 이야기를 귓속말로 많이 나누었다. 그는 교도관에게 할 거짓말도 여러 가지 준비하였다. 나는 선의의 거짓말이기를 희망하였다. 내가 그에게 속삭이는 말들은 아마도 일본인의 입장에서 보면 불순한 내용들일 것이다. 교도관이 갑자기 우리를 잡을 수 있었고, 그 중학교 선생에게 '그 외국인'이 무슨 말을 했는지 물어볼 수도 있었다. 그러면 그 선생은 완전히 무해한 내용의 상황을 이야기할 준비가 되어 있었고, 그 내용은 우리의 대화 주제와는 전혀 다른 것이었다. 비록 그가 하는 거짓말이었지만 이런 거짓말에 대하여 나는 점점 불편스럽게 느끼기 시작하였다. 나는 다른 사람의 죄를 고백하는 옥스퍼드 그룹의 방법을 사용하지는 않지만, 최소한 귓속말로 이야기하다 잡히지 않도록 조심하였다.

나는 나눔의 기회가 있을 때마다 동료 수감자들에게 기독교 신앙도 이야기하였는데 도움이 되었기를 희망한다. 사도 바울이 감옥의 경험으로부터 한 말이 나에게 새로운 의미로 다가왔다. 그는 "감옥에 갇혀 있는 동안 나는 믿음의 아들 오네시모를 얻었습니다"라고 쓰고 있다.

이 전에 아편중독자였고, 아편을 팔다 잡혀 들어온 불쌍한 친구가 있었다. 우리는 서로 좋은 친구가 되었다. 그는 매우 말라 있었는데, 그에게 오버 코트를 주었다. 그 대신에 그는 매일 나의 옷을 세심하게 훑어보며 이를 잡았는데 어느 날은 80마리의 이를 잡는 최고의 기록을 세웠다. 나의 눈 상태가 이 작업을 하기에는 별로 좋지 않았다. 내가 절대로 잊지 못할 것은 나사렛 예수 그리스도의 일생과 죽음 그리고 부활과 다시 오심을 이야기하고, 그를 믿는 사람에게는 억압과 두려움이 없다는 설명을 할 때 경청하던 그의 모습이다. 그는 말하기를 그가 감옥에서 나가면 성경을 구입하여 기독교의 길을 더 배우겠다고 약속하였다.

처음 두 주 동안의 감금 생활에 안경과 서적들을 빼앗겼는데, 내가 잡혀 올 때 주머니에 넣었던 성경도 포함되었다. 두 주 동안에는 그 상황에 대하여 아무 말도 하지 않고 있다가, 문제가 해결이 될 수 있는지 알아보기 시작하였다.

나는 구치소장과의 인터뷰를 요청하였다. 나는 동정심에 호소

할 의향은 없었다. 며칠을 연기하더니 드디어 인터뷰 요청이 받아들여졌다.

나는 호의를 바라고 인터뷰에 오지 않았다고 설명하였고, 계속하여 말하기를 나는 내가 '적국 시민'으로 경찰에 수감되어 있는 것으로 알고 있다고 하였다. 그러나 세 가지 이유로 이 수감이 부당하다고 주장하였는데: ① 이것은 불법이고, ② 비인간적이고, ③ 일반 죄수들에게도 주어지는 종교의 위로와 보편적으로 인정된 권리가 제공되지 않는다는 내용이었다. 이 세 가지 내용을 확인하기 위하여 ⓐ 일반 범죄자와 한 방에 넣는 것은 국제법 위반이고, ⓑ 아무것도 할 수 없고, 읽을 수 없도록 하는 것은 비인간적인 처사이고, ⓒ 심지어 나의 성경책까지 압수하였다고 나는 설명하였다.

구치소장의 대답은 흥미로웠다.

"당신은 여기에 일반적인 적국 시민으로 억류되었다고 생각하십니까? (처음에 그의 부하가 체포하던 날 알려준 것이었다.) 그렇지 않습니다. 당신은 어떤 혐의로 이곳에 잡혀왔습니다. 당신을 향한 한 가지 혐의가 있습니다!"

"정말이요? 내가 어떤 법을 어겨서 여기에 잡혀왔다면 왜 12월 8월 이전에 체포하지 않았습니까?"라고 나는 대답을 하고, 덧붙이기를 "더 말이 안 되는 것이 당신이 아는 대로 나는 몇 달 전에 당신한테 우리 집을 방문하여 나의 집과 내가 하는 일과 내 생각을 조사하라고 초청하였었습니다. 그리고 당신의 부하에게도 몇번 요청을 하였지만, 오지 않았습니다. 그리고는 지금에서야 나를 체포하지 않았습니까?"

물론 나의 이 주장에 아무런 대답도 들을 수 없었고, 구치소장은 오히려 농담처럼 받아들였다. 며칠 후 나는 나의 안경과 성경 그리고 집에서 가져온 일본어 학습 서적을 돌려받을 수 있었다.

배돈병원과 땅

구치소에서 2~3주 지냈을 무렵, 전에 보지 못한 한국인 형사 한 명이 새벽 2시쯤 찾아왔다. 방문이 열렸고, 나를 구치소 앞의 큰 난롯불 곁으로 안내하였다. 조금 이상한 분위기였지만 나를 난로 옆에 앉으라고 했고, 한겨울에 따뜻함을 느낄 수 있어 감사했다. 두 명의 일본인 경찰이 내 맞은편에 앉았다. 그들의 모습에서 어떤 것도 예감할 수 없었지만 사과 하나를 나에게 먹으라고 하였다. 나는 기꺼이 그것을 먹었다. 한국인 형사는 나에게 배돈병원을 한국인 의사에게 넘길 때 쓴 동의서 내용에 관하여 몇 가지 질문을 하였다. 질문에 모두 대답을 하자 나를 다시 교도소 방으로 데리고 갔다.

며칠 후에 같은 한국인 형사가 다시 나를 방문하였다. 그는 아마도 병원 담당 형사로 이번에는 오전에 와서 병원으로 함께 가 그들이 작성하고 있는 병원 설비 목록을 도와달라고 제안하였다.

나를 구치소 방에서 나오게 하여 사무실로 데리고 갔고, 밖의 거리로 동행하여 나갈 수 있도록 절차를 밟았다. 거기에서 그 경찰은 포승줄을 꺼내어 나의 손목을 묶으려 하였다.

"이것은 온당치 못한 처사입니다."

나는 말하였다.

"나는 범죄자가 아닙니다."

그는 대답하기를 누구든지 경찰 구치소에서 밖으로 나가게 되면 따라야하는 규정이라고 하였다. 몇 번 대화 끝에 그는 "포승줄에

묶여 밖으로 나가는 것이 당신에게는 불명예스러울 수 있으니" 아마도 다른 방법이 있을 수도 있다고 하였다.

"내가 불명예스러운 것이 아니라 일본 경찰이 불명예스러운 것입니다"라고 하였다. 나의 말이 과장이 아닌 것은 내가 구치소에서 고난 받는 것이 내 나라를 위한 것이라면 어느 정도 만족하겠지만, 만약 내가 짐작하고 나중에 알려진 대로 좀 더 깊은 그 무엇, 나의 기독교 신념과 그 선교로 인해 고난 받는 것이라면 나에게 주어진 그 특권과 명예로 인하여 기뻐할 것이기 때문이었다.

결국 그는 포승줄 없이 나를 거리로 데리고 나갔고, 그 형사와 나는 우호적인 대화를 나눌 수 있었다.

병원에 도착하였을 때 나는 나의 직원들과 조우할 수 있었다. 경찰의 호송 하에 수감자의 지저분한 모습으로 병원으로 돌아온 나를 본 직원들은 크게 충격을 받고 힘들어 하였다.

나는 그들을 안심시키고 최대한 용기를 주었다. 나를 염려할 것은 전혀 없다고 다독였다. 그러나 그들은 크게 걱정하는 모습이었다. 경찰은 나를 병원 안으로 데리고 가 상담실에 앉도록 하였다. 그 담당 경찰도 여전히 동행하였고 직원들도 함께 있었다. 그 상황에 유머가 필요하다고 생각하여 병원 사무장에게 나는 말하였다.

"기억하겠지만 성 베드로가 감옥에 갔혔을 때 밤에 천사가 와서 그를 바깥으로 인도하였습니다. 그런데 내가 베드로보다 더 나은 것은 천사가 밤에 와 감옥에서 나오게 한 것은 물론이고, 사과까지 주었기 때문입니다."

내가 경찰 구치소에 있을 때 아무도 방문이 허락되지 않았지만, 한 가지 전혀 유쾌하지 못한 방문을 받은 일이 있었다. 다음과 같은 이야기이다.

한번은 내 담당 형사가 나의 교도소 방으로 방문을 하였다. 우리가 아니라 일본 정부는 몇 년 동안 선교사들을 개인적으로 담당하는 형사들의 봉급을 주었다. 그는 방 밖에 서서 창살을 통하여 나에게 이야기하였다. 그는 진주 시장의 요청을 받고 나를 찾아왔다고 말하였다. 정말 진주 시장의 요청이었는지는 잘 모른다. 나는 그 시장을 몇 번 만난 적이 있고 예의 바르고 명예로운 사람인 것을 알기에 사실이 아니기를 희망하였다. 최근에도 나는 그와 그의 시 전체에 도움을 주었는데, 그것은 우리 선교부의 건물 하나를 무료로 교육기관들이 학교로 사용하도록 빌려주었다. 학교를 운영할 수 있는 우리의 권리를 부정하는 그동안의 정부가 보였던 비협조적인 태도를 생각해 보면, 이것은 오리를 가자고 하는데 십리를 가고 한쪽 뺨을 때릴 때 다른 쪽 뺨마저 내놓는 행동이었다. 시장이 요청하였다는 내용은 우리로 하여금 또 다른 십리를 가고, 양쪽 뺨을 전부 내놓으라는 것과 같았다.

그 상황은 다음과 같다. 호주선교부의 호주인 선교사들이 철수하였을 때, 몇몇 한국인 직원들은 삶의 터전인 직장을 잃게 되었다. 어려움에 빠진 이들 직원들에게 보상해주고 고충을 해결해 주기 위하여 선교부 안의 땅에서 무상으로 농사일을 할 수 있도록 하였다. 그런데 이 땅을 탐내는 다른 사람들이 있음을 알게 되었는데, 특히 학교의 선생들이 그 땅을 사용하고 또 그것으로 이득을 얻기 원했다.

진주 시장으로부터 왔다는 요청은 이 땅 전부를 학교들이 사용할 수 있도록 넘기는데 동의하라는 내용이었다. 더군다나 현재 임차인도 땅을 양도하는데 동의하였다는 것이었다. 살아가기 위하여 이 땅이 꼭 필요한 한국인 직원들에게 어떤 압박을 가하여 그들이 서명을 받아냈는지 나는 잘 알고 있었다.

이미 그들에게 동의를 받았다면 아무 힘도 없고 감옥에 갇혀 있는 나의 동의가 왜 필요한지 의문이 들었다. 나는 그것에 동의하지 않았다. 그 형사는 분노하였다. 그는 말하기를 이것은 공공의 이익을 위한 것이고 그래서 다른 이들은 동의하였고, 나도 따라야 한다고 강조하였다. 나에게는 그렇게 보이지 않기에 동의를 유보할 수밖에 없다고 나는 퉁명스럽게 대답하였다.

물론 나의 부동의가 그들의 불법 양도를 막지는 못하지만, 그러나 부적절한 요청을 거절했다는 나 자신을 만족시킬 수 있었고, 나의 진심을 표현할 수 있었다. 이것은 불행하게도 최근 자주 일어나는 일본의 불법적인 방법 중의 하나임을 알기 때문이었다. 동의서를 받아내려고 하는 것은 불법적인 몰수를 자발적인 동의로 보이게 하려는 술책이었다. 일본 경찰은 내가 현재 그들의 권한 속에 있기에 쉽게 협박할 수 있다고 생각하였던 것 같다.

의료행위

내 평생의 의사 생활 중에 아마도 가장 기이했던 진료는 구치소 안에서 있었던 의료행위였을 것이다. 어느 날 한 교도관은 내가 의사이고, 의사 중에서도 정신과 의사임을 알게 되었다. 그는 성 신경증(노이로제) 환자였고, 그런 종류의 남성 환자들이 가진 뚜렷한 특징인데 말하자면 성에 대한 염려로부터 치유되기를 바랐다. 그는 무료로 치료 받을 수 있는 좋은 기회를 만났다고 생각한 것이다!

이 상황이 나에게는 웃을 수밖에 없는 일이었는데 이런 종류의 병은 남에게 알리기 꺼려하는 서양의 관습과는 너무 달랐기 때문이다. 그 교도관은 높은 곳에 앉아 우리를 감시하고 있었고, 거기에서 가장 사적이고 내적인 자신의 증상과 괴로움을 소리쳐 나에게 설명하며 치료의 방법을 물었다. 물론 다른 죄수들도 모두 그 내용을 들으며 관심을 갖는 것이었다. 나는 그의 병의 본질을 알았고, 그 병의 징조와 어떻게 고쳐야 할지 나도 소리쳐 진단을 하였다. 물론 나에게는 약도 의료도구도 없었고, 의사가 환자를 진료하기 위하여 필요한 권위 있는 환경도 아니었다. 그러나 나는 그가 가지고 있는 병의 본질을 알았고, 내가 그동안 보았던 다른 비슷한 증상의 복잡성 중에서도 그의 특별한 고통을 해결하는 방법을 확실히 알 수 있을 것 같았다. 나는 그 교도관에게 그의 증상을 어떻게 다스려야 하고, 근원적인 문제를 어떻게 해결해야 하는지 처방을 해 주었다.

나는 어쩌면 내가 내 나라와 기독교 선교동역자들을 대표하여 이런 일을 감당하는 것이 의무이고 중요하다고 생각하였다. 나의 상황이나 나의 겉모습—신발도 없고, 셔츠도 없고, 타이도 안 매고, 씻지도 않고, 다듬지 않은 지저분한 수염과 발톱 같은 손톱 등—은 나의 위신을 세워주지 못하였다. 그럼에도 불구하고 나는 나의 모습을 유지하려고 애를 썼다.

이미 언급한대로 사과 껍질이나 한 컵의 물은 나의 손과 얼굴을 깨끗이 유지하는데 충분하였다. 손톱을 정리하는 것은 어려웠지만 바닥에서 쪼개져 나온 나무 조각으로 손톱이 더러워지는 것을 어느 정도 막을 수 있었다. 자연은 머리빗보다 손가락을 먼저 사용하게 하였는데, 그 손가락으로 머리를 대신 매만질 수 있었다. 나의 옷을 세탁해주는 배달서비스는 없었지만 손수건에 물을 묻혀 사용하면 옷의 얼룩도 닦아낼 수 있었다. 나는 정말 이곳에서 우울하지 않았으므로 다른 죄수들과 교도관들을 즐겁게 대하는 것이 어렵지 않았다. 한 가지 일본인의 정서로 이해할 수 없었던 것은 우리 영국인이나 미국인 수감자들—나는 특히 후에 함께 수감되었던 네덜란드인도 포함시키고 싶다—이 우울해하지 않고 즐거운 모습으로 수감 생활을 한다는 사실이었다.

나의 교도관이 한번은 제안하기를 영국군이 패하여 후퇴하고 일본 군대의 함대나 군인들이 승리하는 것으로 보고될 때 내가 자살을 생각하지 않느냐는 것이었다. 나는 상황을 그렇게 보지 않는다고 대답하였다. 영국은 이제 끝장난다고 듣게 되었을 때 나는 말하였다.

"정말로 우리 군함은 모두 파괴되었고, 우리 군대는 후퇴하였으며, 우리나라는 침략 당했는데, 그러나 그것은 오래전 이야기입니다. 한데 지난 2년 동안 독일에 의하여 우리는 영국은 끝장났다고 했는데, 지금도 그러고 있습니다."

영국의 프린스 오브 웨일스호와 리펄스호가 침몰되었다는 소식도 교도관은 나에게 전하며, 어떻게 생각하느냐고 물었다. 충격적인 소식이었지만 나는 대답하였다. 나는 관련하여 진지하게 하나님의 나라가 무너졌다는 소식은 듣지 못하였다고 대답하였다.

싱가포르가 함락되었을 때는 조롱까지 당하였는데, 내 기도가 뭔가 잘못된 것이 아니냐는 것이었다.

"전혀 그렇지 않습니다. 나는 싱가포르가 함락되지 않기를 기도한 적이 없습니다. 내가 싱가포르를 위하여 기도한 것은 그곳에서 일어나는 일들이 하나님의 영광과 선한 모든 사람들을 위한 것이 되게 해달라고 기도했습니다"라고 대답하였다.

조금 다른 이야기를 하자면 일본이 단언하는 대로 서양의 문명이 풍요와 물질로 타락을 하였다면, 만약 미국 군인은 그들의 슬로건 대로 "해군에 입대하십시오. 그리고 세상을 보십시오." 정도의 '초콜릿 군인'이라면 그리고 만약 영국의 행정가들이 홍콩, 말라야나 다른 어느 곳에서도 '멍청이'처럼 보이고 일본의 공격에 대항하지 않고 항복을 한다면, 일본은 승리를 기대할 권리가 있을지도 모르겠다. 그러나 전쟁의 엄한 현실 속에서 군대에게 그런 것을 믿도록 하는 것은 지지 근거도 없고, 소용도 없고, 위신도 없다.

신사참배

내가 경찰 구치소에 있을 때 해결하기 가장 어려웠던 문제는 우리 서양에 비하여 일본에는 아주 다른 본질적이고 존재론적인 그무엇이 있다는 것이다. 일본이라는 나라의 이상한 점은 메카를 향하여 기도하는 무슬림 세계와 거의 같은 집단의식을 가지고 있다. 그 메카는 동경의 황궁인데 그곳에는 천황이 살고, 더 신성하게는 칼과 진주와 거울, 세 개의 보물이 있는데 이것은 태양여신이 하늘로부터 일본의 한 산에 내려와 천황 조상인 첫 번째 천황 진무에게 하사한 것이라고 한다. 도쿄의 야스쿠니신사에도 전사한 군인들의 영이 신으로 모셔져 있다.

아침 8시와 정오에 사이렌이 울리면 전체 국민이 동경을 향하여 일어서 절하고, 30초 동안 묵상기도를 한다. 이것은 구치소 안 세상에서도 특별히 지켜져야 하는데 나는 그 구치소 안의 수감자이다. 어떻게 해야 할까? 나는 일본 천황이나 나라를 위하여 의무를 감당하다 희생된 사람들에게 무례하고 싶지는 않다. 그러나 이 행동으로 다른 절대 가치가 위험에 처하여지며, 이 순간에 많은 한국인 기독교인들이 수감이나 고문 등 여러 방법으로 고난을 받고 있는데, 기독교인의 양심과 신앙으로 거짓에 동의하며 신성모독적인 신사참배를 할 수는 없다.

나의 방은 교도관의 위치에서 보면 동쪽에 있었는데 그가 동쪽으로 고개를 돌리면 나를 정면으로 볼 수 있었다. 처음에 나는 아침

사이렌 소리에 일어났다. 그리고 남쪽을 향하여 있었다. 그러나 나는 이것도 불만족스러웠다. 고민 끝에 나는 그 신사참배 의식 중에 일어나지 않고 앉아 있기로 결심하고, 그 결과를 지켜보기로 하였다. 하늘이 무너질 정도의 질책이 있을 줄 알았다. 그러나 놀랍게도 아무 일도 일어나지 않았다. 이후에는 사이렌이 울리기 전에 미리 다른 일을 하면서 일어나 있었다.

다른 때는 일부러 동쪽이 아닌 다른 방향으로 무릎을 꿇기도 하였다. 이것이 교도관 한 명과 대화를 하게 된 계기가 되었다. 그는 나에게 묻기를 왜 동경을 향하여 절하고 기도하지 않느냐는 것이었다. 나는 기독교인으로 다른 영에게 기도할 수 없다고 설명을 하였다. 그러나 그리스도는 적을 위하여 기도하라고 가르쳤기 때문에 나는 일본을 위하여 하나님께 기도하였다고 대답하였다. 그와의 대화는 프랑스에서 있었던 한 사건을 생각나게 하였다. 당시의 배급은 돼지고기와 콩이었는데, 회교도였던 한 중국인은 고기를 골라내었다. 하사관은 그것으로 짜증이 났는데 내가 중국인의 처지를 설명해 주었다. 하지만 그는 나에게 중국인에게 이렇게 말하라고 얘기했다. "영국군에는 오직 영국의 국교회와 천주교 두 개의 종교만 허락됩니다. 배급을 다 먹으라고 하시오." 이곳의 교도관의 태도도 이것과 거의 비슷하였다. 그는 한국인 통역자를 통하여 나의 설명을 일본어로 들었지만, "그에게 말하시오. 참배를 하는 것이 이로울 것이요"라고 말하였다. 그러나 그 교도관은 더 이상 압박하지 않았다.

후에 나는 감금되어 있을 동안에 이 질문에 대하여 좀 더 분명한 나의 입장을 표현할 기회가 있었다.

지난 몇 년 동안 한국에는 하나의 투쟁이 있었는데 이것이 후에 기독교 교회의 분쟁의 시초가 될 것이고, 자유 인권운동 성장의 획기적인 사건이 될 것이라고 나는 믿고 있었다. 로마제국이 거룩한 황제를 숭배하는 신성모독적인 의식을 초대교회에 강요하였던 것과 비슷하게 일본은 신사참배를 좀 더 교활하게 시행하고 있었다. 일본의 교활하고 계산적이고 냉소적이고 광적인 선전을 잘 모르는 나의 서양 독자들에게 분명히 하기 위하여 다음의 사건을 설명하려고 한다.

내가 경찰 구치소에서 풀려 난 날, 나를 다음의 구류 장소로 이동시키기 위하여 경찰은 나를 호위하며 기차를 태웠다. 외국을 다녀와 영어를 하는 한 일본인이 당시 한국에서는 외국인이 모두 철수하였는데 헝클어진 모습의 외국인인 나를 보자 관심을 표명하였다. 그는 친절히 대화를 걸기 시작하다가 갑자기 이렇게 질문하였다.

"당신은 일본 역사를 아십니까?"

나는 일본 역사에 관하여 조금 읽었다고 대답하였다.

"당신은 우리의 천황에 관하여 아십니까?"

그가 다시 질문하였다.

"예, 알고 있습니다"라고 대답하였다. 그러자 그는 설명할 필요도 없고 사과할 이유도 없다는 신성모독적인 태도로 "우리의 천황은 살아있는 하나님입니다"라고 하였다. 이 대화는 영어로 하였는데, "살아있는 하나님"이란 실제 단어를 썼다.

다시 경찰 구치소의 대화 상황으로 돌아가면, 그는 "왜입니까?" 하고 나에게 질문하였다.

"당신은 신사에 참배하는 것을 망설입니까? 당신은 넬슨의 웅장한 무덤이나 당신 조부의 무덤에 존경을 표하지 않습니까? 우리가 하는 것은 그것과 다르지 않습니다."

"물론 그런 상황에서 나도 존경을 표합니다."

나는 대답하였다.

"그러나 당신의 신사에 대한 이해와 의식은 기독교 진리와 완전히 다르며 비교할 수 없습니다." 나는 덧붙여 말하였다.

"두 개의 의식을 대조하면서 내가 말하고자 하는 요점을 설명할 수 있는데, 하나는 한국에서 다른 하나는 내가 참여하는 호주에서의 의식입니다."

이것이 대조점이었다.

한국이 일본에 의하여 합방된 25주년 행사 시 나는 그 자리에 있었다. 행사의 한 부분은 신사에 관한 것으로 군인이든 민간인이든 지난 25년 동안 복무 중에 사망한 사람들을 위한 의식이었다. 그 행사에 참여한 사람들 중 죽은 이들을 위하여 산 사람들이 기도하는 그 내용을 이해 못하는 사람은 없었을 것이고, 다른 자격은 상관없이 그들이 죽었다는 사실 하나만으로 그들은 신이 되었다는 것이다. 죽음은 물론 우리 인간들의 공동 운명이고, 신비스러운 영역이다. 그렇다고 죽음의 희생자를 죽었다는 이유 하나로 신을 만드는 것은 나에게는 진리도 아니었고, 정당화도 아니었다. 내가 설득 당한 체하는 것은 유해한 믿음이었고, 나 자신을 그것에서부터 멀리 하여야 하였다.

대조적으로 나는 1934년 호주 멜본에 있었는데, 당시 그 도시 탄생의 100주년 행사가 있었다. 멜본 크리켓 운동장에서 이 축하의 개시를 종교의식으로 시작하였다. 그때 한 순서였던 장로교회 총회장의 영감적인 기도를 절대 잊을 수 없다. 매켄지 박사는 기도를 통하여 이 도시의 지난 100년 동안의 모든 의미를 전능하신 하나님께 감사하였다. 또한 하나님의 은혜와 도움으로 이 도시를 세운 조상들에게 감사하였고, 동시에 우리와 우리 조상들의 죄도 고백하였다.

이보다 더 좋은 대조가 또 있을까?

이전에 나는 신사참배를 위하여 타협방안을 찾으라는 한국의 총독부의 관리에게 대답할 기회가 있었다.

"아니오. 나에게는 이 의식에 참여할 수 없는 극복하지 못할 세 가지 이유가 있습니다. 첫째는 어떤 설명이나 생각에서든지 신사에 절을 하는 행위는 전능하신 하나님의 거룩과 주권을 모욕하는 것이고, 둘째는 일본 황제의 권위의 절대성과 거룩함의 주장의 함축적인 의미는 전쟁을 불가피한 것으로 만들고 있으며, 셋째는 이것은 결국 일본을 망하게 할 것인바 일본의 한 친구로서 그리고 일본의 복지를 위하는 사람으로서, 나는 참여하기를 거부하는 것입니다."

"신사참배가 전쟁을 불가피하게 만들 것"이라는 나의 말에 대해 더 설명해 보라고 하였다. 명백한 설명은 나의 예언이 사실이 되었다는 것이다. '예언자도 아니고 예언자의 아들도 아닌 사람'도 아주 작은 성찰로 그 결과는 미리 볼 수 있었다. 신사의식을 반대하는 공교회에 강하고 실제적인 모든 이유를 동원하여 항의하는 사람들 중에 교인들도 있을 것이다. 사실 개념의 엄격하고 어원론적인 의미로 말하자면 그들의 그런 식의 강조는 터무니없다. 첫 번째이자 가장 큰 이유는 신사참배가 하나님의 거룩과 주권을 모욕한다는 것이다. 그러나 두 번째 이유는 납득할 만한 함에도 불구하고 우둔한 세속주의자들이나 심지어 신중한 교회론자들도 잘 모른다. 강력한 국가의 이교도 신앙으로부터 오는 참배 요구를 거절하는 것은 교회에 핍박으로 다가온다는 것 말이다. 일본 군국주의자들은 최소한 논리적이긴 하다.

이전에 전쟁장관이자 현재 교육장관인 아라키 장군은—한 사람이 국가의 생각과 행동을 모두 담당하는 중요한 자리를 다 맡을 수 있는가?— 신사참배 이론의 권위자이다. 신도(神道)는 신사의 객관적인 면이다. 신사는 "신들의 도이다." 신도는 "일본 국가 안에 설명된 도인바 '왕의 도'이다. 일본 제국주의의 도이다." 1934년 아라키가 선포하기를 "그 주권은 사실 그 자체에 의하여 일본의 도덕이고, 제국의 번영을 촉진시키고, 일본의 도덕을 알리는 것이 우리 존재의 기본 원칙이다. 일본 국가의 위대한 이상인 신도는 세상 전역에 선전되고 확장되어야 할 본질이고, 그것을 가로막는 것은 칼로 다스려야 한다."

또 다른 곳에서 아라키는 이 모든 것이 근거한 원칙을 분명하게 말하였는데, 이것이 신사참배 권위의 유래가 되고 있다. 서양에 일본을 소개하는 한 잡지에 "천황은 현대 일본에 나타나고 있는 대로 다른 통치자와 다르다"라고 말하고 있다. 천황은 모든 나라가 초월적인 덕을 숭배하는 태양 여신의 후손이다. 그 안에 우주의 원시 영이 구현되어 있다. 아라키 장군은 이론적인 신학만을 말하지 않는다. 그는 대단히 실제적으로 그의 신학을 세계 전쟁을 시작하려는 위기의 시대에서 세상의 사건에 적용시킨다.

리튼 경이 만주의 문제를 조사하고 발표하기 위하여 국가연맹의 조사위원회 의장으로 아시아에 왔을 때 아라키는 그것을 방해하면서 리튼에게 "만주에서 일본 군대의 행동은 제국의 특권이다"라고 말하였다. 이 말이 일본 신문에 실렸다. 나는 이 당시 일본에 있던 해외 소유의 두 영자 신문사와 일본어 신문 오사카 마이니치사에 편지를 보냈는데, 아라키의 그런 말을 모든 외국인들 특히 기독교인들은 거부해야 한다고 말하며, 주권과 절대 권력은 하나님만의 것이라고 주장하였다. 일본의 어느 영자 신문이나 일어 신문에서 감히 이 편지를 싣지는 못하였다.

이 문제의 심각성을 감소하려는 목적으로 나오는 말을 나는 반복적으로 듣는다. "지적이고 교육받은 일본인은 누구라도 그런 것을 믿지 않을 것이다"라며, 태양여신과 거룩한 황제를 숭배하는 신사참배는 소멸할 것이라는 의미를 내포하는 말들이다. 이 주장에 대한 나의 첫 번째 대답은 다른 사람의 믿음의 내용이 외부인의 생각에 의하여 알 수는 없다는 것이다. 오히려 다른 상황과 여러 기회에서 그의 주장을 주의 깊게 보는 것이 더 나은 방법이며, 특히 그의 행동을 보는 것이 필요하다. 그리고 '지적인' 사람이 어떻게 믿음에 이르는가와 극단주의자의 병리학과 정신의학도 연구되어야 한다. 거룩한 기록과 현대 정신 병리학에서 깊이 강조하는 말은 만약 인간이 분명한 진실을 거부하면 그들은 사실과 상상, 실제와 치명적인 실수를 구별하는 능력이 없는 타락의 길을 가게 된다는 것이다.

만약에 인간이 일부러 그들 자신의 피조성을 부인하고 혼란과 오염을 가지고 온다면 그리고 창조주보다는 같은 사람들인 피조물을 예배하고 섬기면, 아무리 지적이고 교육을 받았을지라도 그 마음에는 어두운 마음이 드리워지는 것이다. 바알세불에서 시작된 것이 베들레헴에서 마칠 수 있다. '지적이고 교육받은' 일본인들이 무엇을 믿고 혹은 안 믿고 간에, 그것이 우리에게 혹은 그들에게 어떤 영향을 미치는지는 이 중요한 증언이 증명한다. 나는 어느 한 억류 캠프에서 한 사람과 대화할 수 있는 기회가 있었는데, 그는 일본인의 마음과 신념을 연구하는 사람이었다. 그가 발견한 것은 '하늘이 그들의 편이기 때문에' 일본인들은 전쟁에서 질 수 없다는 신념에 사로잡혀 있다는 것이다. 그리고 만약 어떤 혹은 많은 일본인들이 그들의 마음속에 수치스러운 조작된 신앙을 냉소적으로 거절한다고 한다면 그 다음은 무엇인가? 이것이 그들의 선전을 덜 위험하게 하고 덜 추악하게 하는가? 나는 광신주의자를 경계하면서도 함께 할 수는 있지만, 계산된 냉소와 위선은 미워한다.

또 한 번은 나의 교도관이 무심히 한 질문에서 일본인들의 생활에 심어진 새로운 악의 추력과 중요한 선전의 한 부분을 생각할 수 있었다. 나는 체포되기 바로 전 알게 된 것이 있는데 한국의 학생들에게 반 유태인적인 비방을 가르침으로 그들의 마음에 독이 주입되고 있다는 것이다. 이 모든 것이 어리석고 유해하였는데 천 명 중의 어느 한국인도 유태인을 만난 적이 없기 때문이다. 이것은 일본인의 생각과 실제의 무의미함을 설명하는 또 하나의 악한 성질이다.

이런 종류의 예는 많이 있다. 최근 미나미 총독은 히틀러로부터 특별 훈장을 받았는데, 이것은 미나미의 일본과 나치식의 방법에 감사를 표하는 선물이었다. 미나미가 그의 공적에 대하여 훈장을 받는다면 말 그대로 그것은 장식에 불과한 것이다.

하루는 한국에서 고위급 경찰이 나에게 묻기를 호주에서는 유태인을 어떻게 대하느냐고 나에게 물었다. 나는 최근에 호주의 학교에서 이 문제를 어떻게 다루는지 홍보하는 내용을 들은 적이 있어, 이것을 설명할 수 있는 좋은 기회로 생각하였다. 나는 대답하기를 첫 번째로 그가 행실만 좋다면 어떤 유태인이든 호주에서는 다른 시민들과 동등한 기회를 갖는다고 하였다. 지난 전쟁 시 프랑스에서 호주군의 장군이었던 저명한 유태인이면서 호주인인 존 모나쉬 경과 왕에 의하여 호주의 총독으로 임명된 호주 원주민 아이삭 아이삭스 경을 소개함으로 나의 요점을 설명하였다. 계속하여 나는 히틀러가 왜 유태인을 미워하는지를 설명하여 주었고, 그러므로 현재 일본 정책의 두 가지 두드러진 악의 축이 무엇인지를 보여주었다.

"당신들은 유태인과 그들의 역사에 관하여 아는 것이 별로 없습니다. 내가 그 이해를 돕게 하여 주십시오"라고 나는 말하였다. 나는 예루살렘이 망한 후 그들이 흩어진 역사와 그로 인하여 유럽 전역에 유태인이 소수민족으로 살게 되었음을 이야기하였다. 그들이 세계 전역에 소수민족으로 살고 있지만 그 나라에 동화되어 잘 살고 있으며 그리고 동시에 그들의 지각 있는 유태인적 정체성을 지키고 있고, 각 나라의 유태인 공동체는 유럽의 다른 모든 나라에 있는 그들의 공동체와 서로 연결되어 있다고 하였다. 나는 계속 설명하기를 그러므로 유태인은 태생적인 국제주의자들인데, 반면에 히틀러의 정책은 다른 나라들 위에 군림하는 하나의 나라를 만드는 것이고 거기에 히틀러가 첫째 추력(推力)이고, 일본이 함께하는 동맹군이라고 하였다.

다음으로 나는 말하기를 유태인들은 그들의 태생적 성격과 오래된 투쟁으로 확립된 개인주의자들이다. 그들을 지배할 수도 없다. 그러나 히틀러의 목표는 모든 의견을 통일하여 히틀러와 그의 일본 연합군을 위하여 지배하는 것이 또 다른 요점이다.

그리고 나는 유럽 역사에 대하여 언급을 하였다. 유태인들을 박해하는 나라는 역사적으로 망하는 길로 접어들었다고 하였다. 나는 디즈레일리의 말을 인용하였다.

"유태인들은 수도 없는 박해를 받았다. 그러나 결국에는 박해자의 무덤에 유태인이 서 있었으며 그리고 히틀러의 무덤에도 그러할 것이다."

그러자 한국인 일본 경찰이 묻는다. "그러면 우리는 어떻게 됩니까?"

나는 다음과 같이 대답하였다.

"당신도 굉장히 조심하십시오."

이것은 사적인 대화가 아니었다. 이 대화는 사무실 밖에서 있었고, 귀 기울여 듣는 경찰 수 명이 옆에 있었다.

며칠 후에 같은 경찰이 나에게 말하였다.

"지난번 우리가 한 이야기는 매우 흥미로웠습니다. 당신에게 더 이야기를 듣고 싶습니다."

전쟁의 원인과 과정은 자연스럽게 쉽게 떠오르는 주제였다. 연합군과 적군이 나누는 '가진 자'와 '가지지 못한 자'의 구별은 공식적이고 선호되는 선전 내용이었다. 세계 지도를 보면 그것을 논증할 수 있는데, 이민제한법과 관세 장벽은 그 점에서 나의 고향으로 주의를 돌리게 한다. 호주인으로서 나는 나에게 향하는 날카로운 비판을 부정할 생각은 없다. 나는 호주의 이민제한법과 타 인종에 대한 편견과 두려움에 관하여 호주에서나 일본에서 내가 공개적으로 비평하기도 했다. 전쟁 바로 전에 나는 이 주제에 관하여 일본에 편지를 썼으며, 이 문제를 해결하는데 동양에서나 서양에서나 단순한 자기 이익이나 자기만족 혹은 이기적인 '권리'의 정책을 통해서는 해결책이 없다고 나의 의사를 피력하였다. 이런 정책이 보편적으로 국가적 행위의 공리로 받아들여지고 있는바, "호주는 호주인들을 위해서" 혹은 "일본은 일본인들을 위해서"라는 슬로건이 바로 그것이다.

내 양심은 분명하다. 내가 호주에 있든지 일본에 있든지, 나의 나라가 평화 속에 있든지 명백하고 확실한 것은 "그 문은 내가 닫을 수 있는 나의 것"이고, 대부분의 소중한 가치를 파괴하는 위협에 필사적으로 저항하는 것이다. 일본과 호주가 속하여 있는 이 지구는 전체적으로나 부분적으로 누구의 것도 아니라는 것이고, "세상은 주님의 것이고 그래서 충만하다." 오직 이것이 실제적인 정책이다. 일본인은 일본에서, 호주인은 호주에서 관리자들이다. 현실적이고 실제적으로 신탁 관리를 받아들이는 것은 하나님께 책임을 지고, 지역민들과 전체 인간 가족에 관한 진정한 관심을 갖는 것이고, 이러한 정책만이 충돌되는 권리와 소유의 문제를 해결할 것이다. 호주나 일본은 아직 이 분명한 국가적 의무를 위하여 준비되어 있지 않다. 그럼에도 나는 이 전쟁이 기본적으로 인종적이거나 경제적인 것이 아니라는 다른 양상을 강조하는 것을 조심한다. 전쟁의 원인을 거슬러 올라가면 법의 통치를 유감스럽게도 거절하고, 인간과 나라의 창조자이자 통치자인 하나님의 주권 의지를 고의로 거부하는 데서 온다. 나는 간단히 '교통경찰'로 비유하기도 한다. 만약 차량이 교통신호에 따라 움직이면 교통이 원활하지만, 스스로가 교통법이 되려고 하면 불가피하게 충돌과 사고가 일어날 것이다.

나는 또한 일본 비평가들에게 자유롭게 지적하는 것은 '가진 자'와 '못 가진 자'의 악을 고치려는 일본의 노력은 일본 내에서 시작되어야 할 것이라는 것이다. 심지어 나는 일상의 봉급으로 백만장자가 된 사람이 없는 호주에서의 부의 분배를 비교하면서, 일본은 세 네 가족들(미스비시, 미수이 등)의 손에 부가 축척되어 있고, 대부분 사람들은 가난하다고 강조하였다.

마침내 석방되다

일본 경찰 구치소에 구류된 지 한 달여 시간이 지날 무렵, 수감자들의 본국 귀환이 제안되기 시작하였다. 나에게는 이것이 가능성이 적거나 전혀 불가능한 것으로 생각되었다. 한국을 떠날 수 있을 때 떠나라는 영국영사관과 호주공사관의 충고를 따르지 않았던 나의 결정을 후회할 것인지를 두고 볼 수 있는 상황으로 여겨졌다.

그런데 나중에 분명하게 알 수 있었던 것은 나의 감금을 끝마치는 방법이 모색되고 있었다는 사실이었다. 마침내 경찰은 나를 사무실로 불러 내가 받아들일 수 있고 실행할 수 있다고 증명을 하면, 내가 구치소를 나가 동료들과 같이 선교사의 집에 억류될 수 있는 기회가 있다고 하였다. 이것은 나에게 좋은 소식이었으나, 나는 일방적인 타협은 받아들일 준비가 되어 있지 않았다. 나는 대답하기를 진실과 올바른 권위에 관한 나의 신념은 문제가 없다고 생각한다고 하였고, 진실과 올바른 권위에 대한 올바른 복종은 나의 어머니가 특별히 나에게 가르치려고 했던 것이라고 하였다. 그러나 나는 덧붙이기를 나에게 당장 모든 것에 앞서서 응하기를 당신이 기대한다면, 그것은 절대로 순종할 수 없는 것이라고 하였다. 한데 이 이야기는 더 이상 문제되지 않았고, 나는 며칠 후에 석방되었다. 나는 구금된 기간 동안 많은 것을 배웠다.

내가 호주로 돌아가면 제일 먼저 그곳의 경찰서를 방문하기 원하는데, 우리나라에서는 이런 일을 어떻게 처리하는지 알고 싶다.

내가 이곳에 11주 동안 벌을 받는 것 같이 구금되어 있던 것은 물론 완전한 불법이다. 그러나 일본 권력은 내가 드러내고 실천하고 선전하는 것들이 신사에 대한 기독교인들의 의무적인 참배에 반한다고 전적으로 믿고 있었고, 뿐만 아니라 일본 정책에 파괴적이어서 '새로운 질서'를 무너뜨린다고 생각하였다. 이러한 환경에서 그들의 잘못된 판단을 한탄하면서 나에 대하여 엄격하였던 것을 비평하기보다, 오히려 적당하게 대하여 준 것이 놀라웠다.

그러나 내가 이렇게 말하려면 두 가지 논점이 성급히 지적되어야 한다. 나 개인에 대하여 폭력은 없었다고 나는 기쁘게 말할 수 있으나, 북쪽에 있었던 나의 미국인 동료 세 명의 경험은 그렇지 않았다. 그들과의 깊은 대화를 통하여 그들이 어떤 충격적인 취급을 받았다는 것을 나중에 알았는데, 자비심 없이 구타를 당하기도 하였고, '물'고문을 받기도 하였다. 물고문은 묶인 상태에서 움직이지 못하게 하고 코에 물을 부음으로 거의 익사시키는 것이다.

의심을 받는 적국의 외국인으로 일본의 손에 고난을 받는 것은 유감이지만 최소한 이해는 되었다. 그러나 일본 자신의 국민인 한국인이나 일본인에게 행하였던 행위는 일본의 사법제도를 크게 비난받게 하고 있다. 누구나 영장 없이 잡거나 구속할 수 있었다. 많은 사람은 자신이 구속되는 이유를 몰랐고, 그 후에 경찰이 임의적으로 알려주지도 않았다. 그들은 어떤 조사도 없이 가두어져 있었고 ―나에게도 어떤 혐의나 조사가 없었다―, 혹은 반대로 경찰이 잔인한 고문을 통하여 증거를 조작하기도 하였다. 이것이 내 미국인 동료 세 명에게 적용되었던 방법이었다. 체포된 후 다음 날 풀려날 수도 있었고, 얼마 동안 구류될 수도 있었다. 법은 있었지만 그것은 죽은 활자에 불과하였다. 법률적인 지원이나 도움을 받을 수도 없었다. 전쟁 전이나 현재 일본에게는 인신보호령이나 마그나 카르타나 권리장전 같은 것은 존재하지 않았고, 역사에서도 없던 것처럼 여겨졌다.

나의 체포에 수반되었던 불명예스러운 일은 병원에 있던 두 명의 나의 한국인 친구와 동료들에게 대한 경찰의 취급이었다. 내가 구치소에 갇히고 얼마 안 되어 병원의 한국인 원장 김준기 박사의 목소리가 밖에서 들렸다. 나는 그가 나의 어려움을 알고 방문하기 위하여 온 것으로 생각하였다. 그것은 나의 착각이었다는 것을 며칠 후에 알았고, 김 박사와 병리사도 경찰서에 체포되어 있었던 것이었다. 이 모든 과정이 일본이 동아시아에 그리고 궁극적으로는 세계 전체에 가져오려는 일본 제국주의와 새 질서의 축복에 불운한 빛을 던져주고 있었다. 이 직원들은 잘못한 것이 없었고, 아무런 혐의도 없었다. 그들은 이 지역의 책임 있는 사람들이었고, 어린 시절부터 기독교 공동체의 일원이었는데, 그 의미는 은둔의 국가들인 한국과 일본의 완고한 문명으로 파송되어 온 서양 기독교 선교사들로부터 전해 받은 생명의 충만함 속에 있었다는 것이다.

의심할 여지없이 진주와 그 부근 인구의 대부분은 호주 선교사들에게 큰 호감과 동정을 가지고 있었고, 그들을 통하여 영국과 미국선교사들에게도 호감을 가지고 있었다. 덧붙여서 확신을 가진 수

백 명의 기독교인들은 기독교 교회의 친교 속에서 하나로 뭉쳐 있었다. 서양의 선교사들과 현재나 과거에 어떤 모양으로든 관계를 맺는 것은 시민법 위반이며, 경찰이 관여해야 할 죄라는 것을 일본 관리들은 가르치고 배워야 하는 것으로 여기는 것 같았다.

사실 김 박사와 그 임상병리사는 모든 정치적인 행위의 접근을 피하여 왔었다. 더군다나 나는 개인적으로 승인하지 않았지만 그들은 신사참배를 요구하는 경찰에 저항하지도 않았다. 더군다나 김 박사는 자신에게 불리하고 원치 않았음에도 불구하고 여러 번 컨설턴트로 병원에 출근하는 나에게 오는 것을 그만두어 달라고 두 달여 전에 요청을 하기도 하였다. 이렇게 조심하였는데도 소용이 없었다. 그 두 사람은 체포되어 나와 같이 거의 11주 동안 구금되었다. 그러므로 병원에는 책임지고 일을 할 사람이 없었고, 지역 주민들은 치료를 받을 기회를 잃었고, 병원은 텅 비어 갔고, 김 박사는 큰 재정적인 손실을 입어야 하였다.

이 두 직원이 마침내 풀려날 때 나는 우연히 그 사무실에 있었다. 심한 부정을 저질러 온 그 부서의 장은 무모하고 거만하게 그들을 위협하며 훈계하고 있었는데, 나라가 합병되어 자유가 파괴되고 이름도 빼앗기고 신사참배를 당하여 그들의 거룩한 종교도 더럽혀진 그 한국인 기독교인들에게 일본 통치하의 국민으로 그리고 황국 식민으로 신사참배에 참석함으로 충성을 다하라고 강요하는 것이었다. 포악한 일본 통치하에서 국민들이 증오적인 노예가 되는 것을 본 나의 영혼은 고뇌에 찼다.

이 문제에 관하여 나는 강력하게 먼저 말을 하고 난 후에, 나의 다른 대부분 교도관들이 보여준 호감과 친절함에 대하여도 증언하기를 원한다.

교도소 안에서 융통성 있게 규정을 적용하여 내가 내 방에서 걷거나 누울 수 있도록 그들은 허락하였다. 어떤 때는 방 밖으로 나가 앞에 있는 사무실 난로 곁의 의자에 앉을 수 있도록 하였고, 한 교도관은 발각되면 벌을 받을 수 있는 규정을 나를 위하여 어기기도 하였다. 이가 들끓는 어느 날 밤 그는 곤충약 한 상자를 가지고 비밀스럽게 나의 방을 찾아왔다. 이 약은 효능이 놀라와 한번 사용하자 그 다음부터 이 때문에 심각한 문제는 없었다. 내가 떠날 때 나와 교도관들은 서로 아쉬워하였다. 특별히 그 교도관과는 손을 서로 부여잡았을 뿐만 아니라 그는 나의 어깨에 손을 올려 친근하게 토닥이기까지 하였다.

나와 내 동료들의 마음에 종종 떠오르는 질문이 있다. 현재 일본의 통치자와 부정의한 통치자가 주장하고 강요하는 정책에 활동적으로 강력하게 반대하는 자들이 어찌하여 일본에 있는 많은 사업가들과 또 한국에 있는 어떤 나의 선교사 동료들에게 비하여 나는 왜 관대한 취급을 받았는지 말이다.

거기에는 몇 가지 이유가 있다고 나는 생각한다.

첫째는 나는 나의 방법에 있어서 정력적이고 지속적이고 열려 있는 모습으로 지방정부와 경찰들과 오래되고 친밀한 관계를 가져왔는데—나는 일본 총독도 인터뷰를 한 바 있다— 아마 이것이 비록 나를 광신주의자로 보기는 해도 스파이는 아니라는 생각을 하게 한 것 같다. 그들이 만약 나를 그렇게 생각하였다면 위기의 상황에서 나에게 부정적으로 작용을 하였을 것이다.

두 번째로 내가 보기엔 외무부 안에 신실한 친구 한사람이 있기 때문이었다. 그는 호주 선교사들과 친밀한 관계를 이어오고 있었고, 그의 일 중의 하나로 우리의 연례 모임에 참석하여 우리의 토론을 경청하였다. 그는 그런 모임에서 친근하고 깊은 인상을 받은 것을 숨기지 않았다. 그의 상관은 특히 나를 어떻게 대할지 그의 의견을 물었을 것이고, 그는 관대하게 대하자는 의견을 제시했을 것이다.

일본 경찰이 나를 비교적 관대하게 대한 또 다른 이유는 내가 영국인도 미국인도 아닌 호주인이었기 때문일 것이다. 호주가 비록 영연방의 한 부분으로 스스로 일본과의 전쟁에 개입하였기는 하지만, 일본의 정책이 후에 적대적으로 바뀌기는 하지만 '대동아와 오세아니아의 새 질서'를 위하여 호주와의 동맹관계가 지속하기를 원하였다. 호주 선교사들을 고문하였다가는 그 선교사들이 호주 사회에 돌아가 그 새 질서를 추천하기는 만무하였기 때문이다.

마지막으로 이 모든 것은 부차적인 이유이고, 사실은 내 생애에 대한 하나님의 섭리가 있었기 때문이다. 내가 한국에 남기로 선택하였을 때 나는 나에게 다가오는 모든 현명하고 힘 있는 섭리를 받아들일 준비를 하고 있었다. 그리고 그 후에 된 일들은 내가 특별히 고난을 받지 않아도 되는 경험들이었다. 나의 다른 몇 동료들은 고난을 통하여 하나님께 영광을 돌렸지만, 나에게는 다른 작은 과제를 주셨는데 그것은 계속하여 진리를 증언하는 특권이었고, 나의 국가와 일본에 교회와 국가의 가치 있는 관계를 증언하는 것이었다.

나의 이 이야기는 당시 구금의 상황에서 발생하였던 일들과 대화들을 다시 기억하는 것이다. 그 11주 동안에 무엇이 나의 마음을 채우고 있었는지, 무슨 생각을 하고 살았는지 말이다.

몇 년 전에 있었던 한 가지를 기억하면 그때 나는 일로 과로하고 있었고 여러 가지 문제의 압박이 있었는데, 나의 한국인 친구들도 많이 체포되고 있던 때였다. 이때 나는 차라리 일본 경찰이 개입하여 병원의 많은 일들이 일시 중지되어 조용하고 성찰할 수 있는 기회가 주어지기를 소원하였다. 나는 다른 방법으로는 이런 기회를 가질 수 없다고 생각하였다. 그리고 몇 년 후에 이 소원 같은 생각은 현실이 되었다.

나는 의도적으로 나의 마음에 내가 할 수 있는 긍정적이고 창조적인 생각들로 채우려고 하였다.

내가 이미 언급하였듯이 나의 신약성경은 압수당하였다. 그러나 나의 감시자들이 나의 마음속에 새겨져 있는 성경의 말씀까지 압수할 수 없었다. 마태, 마가 그리고 누가복음의 공관복음서를 문자적으로 그리고 전체적으로는 기억 못한다 하여도 주요 사건과 가르침은 재생할 수 있었다. 요한복음의 긴 강연도 생각해 낼 수 있었다. 최근에 나는 로마인에게 보내는 바울의 심오한 주장과 계시록에 쓴 요한의 인간 역사에 대한 인식과 묵시적 비전을 공부하였다. 이 두 책도 나는 재현할 수 있으며, 이 말씀들은 나의 영혼에 힘과 위로가 되었다. 신약의 다른 책들도 나에게 다양한 모습으로 도움이 되었다. 시편과 그리고 구약의 이야기들과 예언들도 나를 지탱해 주었다.

나의 구치소 방이 교회는 아니었지만 내가 그곳에서 예배할 때 그곳은 하나님이 확실히 가깝게 계시는 곳이 되었다. 나는 기도할 것이 많았는바 나 자신을 위하여, 가족들을 위하여, 많은 친구들을 위하여, 동역자들을 위하여 그리고 누구보다도 많은 고난을 받고 있는 한국인 기독교 신자들을 위하여 기도하였다. 그리고 현재 세상 도처에서 일어나고 있는 내가 아는 큰 사건들과 고통의 역사에 대하여 기도하였다. 모든 땅 위의 공교회와 선교단체를 위하여 많은 기도를 하였다. 마지막으로는 성경의 축복과 바울의 위대한 기도와 주기도문 그리고 제자들을 위한 그분의 제사장적인 기도 속에 살았다.

이런 영적인 경험의 한 가지 특별한 점은 '성도의 교제'나 혹은 히브리서가 말하는 '하나님과 완전하게 된 의인의 영들'의 의미에 대한 깊은 깨달음이다. 그들은 죽은 것이 아니라 살아있고, 옛 성자와 현인들의 영은 멀리 있지 않았고, 현재 많은 친애하는 친구들이 믿음을 지키며 선한 싸움을 싸우며 승리하는 남녀 성자와 현인도 있다.

내가 관심을 가졌던 일 중의 하나는 감옥에서 고난 받는 사람들의 이름을 한명씩 기억하는 것이었다. 그들 속의 한명으로 나도 함께 한다는 것은 진정으로 영광된 것이다. 요셉, 예레미아, 소크라테스, 다니엘, 세례 요한, 베드로, 바울 그리고 다른 제자들도 있고, 폴리갑, 후스, 존 번연, 토마스 모어 경, 롤리, 용맹한 몬트로즈, 버마의 감옥에 있는 아도니람 주디슨, 독일 목회자 니묄러, 용감한 일본인 지인 그리고 감옥에 함께 있던 든든한 한국인 친구들이 그들이다.

그 교도소에서의 시간은 한 시인이 말했던 진리를 나에게 가르쳤는바, "돌담이 감옥을 만들지 못하고, 창살이 가두지 못한다." 몸은 갇힐 수 있지만 그러나 영혼은 항상 자유로우며, 상상력은 두꺼운 감옥의 벽과 깊은 지하 감옥을 뚫고 나간다.

내 마음에 풍부하게 저장되어 있던 서적들의 보물이 나에게 가까이 다가왔으며, 불행이나 패배의 소식이 빠르고 격렬하게 다가올 때 그것들이 나를 지탱해 주었다. 싱가포르의 패망을 축하할 때 수천 명의 학생들이 깃발과 동상을 들고 행진을 하였는데 그 광경을 보도록 나에게 창가의 자리가 주어졌다. 그 모습은 분명히 말뿐만이 아니라는 증거였고, '난공불락'의 싱가포르도 일본의 손에 넘어갔다는 사실이었다. 우리 역사의 또 하나의 위기임에도 워드워즈가 쓴 문구가 생각이 났다. "영국의 가장 고귀한 자유의 물결이 습지와 모래 속에 묻혔다고 생각할 수 없고, 악에게 선을 영원히 잃었다고 할 수 없다."

나는 힘과 위로를 문학서적에서만 얻을 수는 없었다. 많은 사람들에 대한 기억과 나 자신 인생의 귀한 경험도 나를 지지하였다. 가정과 학교에서 얻은 교훈과 내가 아는 용감하고 믿음 있는 여성과 남성들 그리고 사랑과 결혼의 풍요한 경험 등은 아무도 나에게서 빼앗아 갈 수 없다. 이 모든 것들이 있는데 무슨 불평이 있으랴?

또한 선택할 수 있는 기회가 준비된다면 불평의 유혹도 적어질 것이다. 12월 8일 내가 일본의 손에 수감자가 되었다는 것은 우연한 일이 아니다. 어떤 것은 이미 내가 예견하고 있었고, 어떤 가치들은 최고의 것으로 믿고 있었고 그리고 어떤 행동과 지원은 나의 의무로 여기고, 내가 공헌하도록 불리움을 받은 것은 위대한 투쟁이었다. 이 이야기는 멀리 거슬러 올라가는데, 최소한 지난 전쟁에까지 말이다. (맥라렌은 일차 세계대전에 참전하여 프랑스 전선에서 군의관으로 복무하였다 _역자 주). 그 당시 나는 나의 의무가 무엇인지를 알기 위하여 부단히 노력을 하였는데, 한국에서 선교사 일을 계속할 것인지 아니면 프랑스로 갈 것인지였다.

결국에 나는 전쟁의 후반이었지만 참전했다. 전쟁에서 나는 상처 하나 입지 않고 돌아왔다. 내가 존경하는 나의 형은 그 전쟁에서 죽었다. (그의 형 브루스 맥라렌은 당시 영국의 촉망받던 젊은 이론 물리학자였는데, 솜므전투에서 전사하였다 _역자 주). 하지만 그는 국수주의나 국가주의적인 자기 위주의 애국심에는 반대하였다. 그는 국가 간의 법의 절차가 존중되고 조약의 신성함이 유지된다면 그는 자신의 희생에 기꺼이 만족하였을 것이다. 나의 형이 이런 높은 이상을 위하여 프랑스에서 희생을 할 그 당시 나의 마음과 영혼에 한 가지 뜨거운 인식이 생겨났는데, 서로를 죽여도 심지어 합법적으로 죽여도 세상의 여러 문제들을 급진적으로 해결할 수 없다는 것이다. 세상의 깊은 결핍을 치유하는 것은 거룩하고 영원한 그 분의 희생을 받아들이는 것으로 그 희생을 인간들이 보고 전쟁을 멈추어야 한다. 여기에서 세례 요한의 말이 나의 마음에 떠오르는데 법의 완성을 위하여 그는 나의 형처럼 생명을 희생한 사람이다.

"보라 세상 죄를 지고 가신 하나님의 어린 양이로다."

나의 형의 죽음이 나에게 영향을 미친 것 중 하나는 지난 세계전쟁 배후에 있던 우주의 선과 악이 다시 충돌할 때 이번에는 나도 처음부터 깊이 참여할 수 있도록 기도하는 것이었다. 이번 전쟁의 그늘이 아시아에 그리고 전체 세계에 드리워졌을 때 나는 나의 의무가 어디에 있는지 전혀 고민을 하지 않았다. 나는 나의 선교 사역을 떠나는 것이 아니라 계속하여 그곳에서 나의 기독교 증언과 전도를 하려 하였는데 이것은 나의 조국과 일본의 관계가 단절된 후에도 말이다. 1934년 호주에서 안식년을 보낼 시에 나는 나의 선교 사역을 그만 둘지에 대하여 심각하게 생각을 하였다. 나를 다시 일본의 영향력 속으로 돌아가게 한 충동은 어쨌든 중요한 일이기는 하지만 의료 활동은 줄이고, 교회와 국가 그리고 종교의 자유와 독재 사이에서의 투쟁에 동참하는 것이었다. 그 투쟁의 중심은 이방 국가인 일본이 기독교인들에게 신사참배와 여러 의식에 동참할 것을 요구할 때 일어날 수밖에 없는 불가피한 것이었다.

결국 전쟁이 시작되고 내가 경찰 구치소에 수감되었을 때 나는 전쟁에 대한 기독교인들의 입장과 특히 해외 선교사들의 역할과 의무에 대하여 생각해 볼 많은 시간을 가질 수 있었다. 나는 나 자신이 애국자이기를 희망하며, 내 나라를 위한 봉사에서부터 나 자신을 멀리하기 원치 않는다. 나는 내 나라를 위하여 모든 노력을 다하여 진심으로 봉사하기를 깊이 원하며, 내 나라와 다른 나라들도 정글의 법이 아닌 정의의 법이 국민들과 국가들간에 창궐하도록 희생적인 분발을 다하여 주기를 원한다. 산상수훈과 단순한 정의를 초월하는 주님의 십자가는 정의에 기초하고 있으며, 그리스도의 초자연적인 메시지에 통합되어있는 법과 정의의 요구를 잊어버리고 '십리를 동행하라'와 '다른 뺨도 내놓으라'는 말씀만을 주장하는 감상적인 사람들은 불행한 것이다.

그러므로 내가 비록 교도소 방에 갇혀 있었지만 내가 '내 나라에 복무'할 수 있는 가능성이 끊어졌다고 전혀 염려하지 않았다. 한 시인은 다음과 같이 썼다.

"내가 당신을 존경하지 않았다면, 나는 당신을 그렇게 많이 사랑하지 않았을 것입니다."

내가 내 나라를 위하여 가장 잘 헌신할 수 있었던 이유는 우리의 모든 자유와 힘과 정의가 시작되는 더 깊은 자유를 위한 우리의 영적인 무기가 있기 때문이다. 자유를 사랑하기에 육체적인 무기를 대항할 수 있고, 그러므로 무법자는 억류되고 정의가 승리할 수 있다.

가택연금

2월 23일 월요일, 억류된 지 77일 후 나는 풀려났고, 다른 4명의 호주선교부 동역자들(레인 선교사 부부와 라이트 선교사 부부 _역자 주)이 연금되어 있는 집으로 안내되었다. 나는 얼마나 기대에 부풀어 있었고, 그들은 또 얼마나 나를 친절하게 환영하여 주었던가.

내가 처음으로 한 영광된 일은 뜨거운 물로 목욕을 하는 것이었고, 교도소에서는 꿈도 꾸지 못할 옷을 입는 것이었다. 그리고 상처난 나의 몸은 나의 동료 레인 부인의 숙련된 간호로 치료를 받았다. 벌레와 이로 인한 가려움으로 특히 발목 부근을 계속 긁었으며, 발톱 같은 나의 손톱에는 염증이 좀 있었다. 또한 덥수룩하게 길어버린 나의 수염을 다듬기만 하여 트로피처럼 간직하려고 했지만, 가위와 면도칼로 전부 밀어버렸다. 레인 목사는 아마추어 이발사와 같은 기술이 있었다. 라이트 목사 부부의 친절함도 언급할 수 없을 정도였고, 이렇게 이들 동료들과 가택연금을 시작하게 되었다.

우리는 한국의 라이트 목사 부부의 집에 가택연금을 당하였고, 5월 말까지 계속되었다. 거주 상황은 매우 좋았다. 음식은 항상 풍부하였는데 라이트 부인의 능력과 노력으로 항상 다양하고 맛있는 음식들이 준비되었다. 우리의 감시자들은 우리에게 친절하였는데 그도 그럴 것이 라이트 목사는 그들에게 항상 선의를 베풀며 그들의 난로를 청소해 주고 잠자리를 준비해 주는 등 그들의 편리를 봐주었다. 나는 그에게 그 감시자들을 잠자리에 눕히고 기도도 들어

주고 잘 자라고 키스도 해주라고 농담을 하기도 하였다.

그러나 라이트 목사는 그저 관대하기만 한 간호사는 아니었다. 그 감시자들이 버릇없는 어린아이 같이 굴 때는 꾸짖기도 하였는데, 한번은 그들이 술에 취하여 주정을 하자 집의 문을 걸어 잠가 밖에서 자도록 하였다. 레인 목사는 한 감시자가 술로 돈을 낭비하자 가르침을 주기도 하였고, 허락 없이 정원의 꽃을 꺾어가자 훈계도 하였다. 이 집 안에도 훈련이 필요한 것이었다. 나는 그 훈련에 동참할 용기는 없었지만 한 감시자에게 한 국가가 한 인간을 신으로 부르는 것은 동의할 수 없다고 말하였다.

우리 다섯 명의 선교사들은 한국에서 계속 사역하는 것이 우리의 의무로 생각하였다. 만약 우리에게 선택권이 있었다면 전쟁이 끝날 때까지 그 가택연금에 남는 결정을 할 수도 있었다. 그러나 그 선택권은 우리에게 없었다. 4월 초쯤에 우리를 호주로 돌려보낼 것이라는 정보를 주었다. 우리는 그것이 선택인지 명령인지 물었고, 일본 정부는 우리를 추방할 결정을 내렸다는 대답을 들었다. 우리는 떠날 준비로 바쁘게 움직였다.

나의 선택은 개인적이고 내밀한 이유지만 이 나라에 계속 남아 자리를 잡는 것이라고 주장할 기회가 있었다. 나는 주기적이고 반복적으로 기력을 상실하고 있었고, 두어 달 동안에는 어떤 결정도 불가능하게 하는 정신적 불안과 악몽보다 더 나쁜 불쾌감으로 일을 할 수 없었다. 이런 증상이 분명히 다시 반복될 터인데 적국의 나라에서 살아야 할 것인가? 나의 아내도 이런 어려움을 알고 있다. 이 증상이 나에게 영향을 끼칠 것이라는 염려와 남편이 위험에 처할 수도 있는 결정에 나의 아내가 동의해야 했다. 이런 경우 보통 그녀의 돌봄과 염려는 나를 보호하는 것이 우선이었다. 그러나 그녀는 호주로 귀국해야 한다는 의무를 따라야 하였고, 나를 이 상황에 두고 떠나야 하였다. 나의 선택을 덜 어렵게 한 그녀의 용기에 감사하며, 이것이 아내로 하여금 그녀에게 의미가 큰 한국과 모든 이들에게 안녕이라고 말할 뿐 아니라, 예측하기 어려운 미래에 남편을 두어야 한다는 담대한 믿음이 있었다. 그리고 하나님의 놀라운 섭리속에 나의 경찰 구치소 생활은 마음의 어려움 없이 다 끝이 났다. 후에 내가 점점 약하여지자 라이트 부부의 집에 연금되었고, 가택연금의 상황은 일도 방문자도 책임도 없는, 마치 일상의 평화적인 모습에서 나의 아내의 사랑과 돌봄을 받는 것 같았다!

일본의 관리로부터 우리가 곧 한국에서 추방될 것이라는 통보를 받고, 나는 몇 줄의 구절을 생각하였다. 만약 시의 높은 경지까지 다다르지 못하였다면, 그 상황이 시를 요구하지 않기 때문이라는 것은 확실히 아니다. 우리는 남아있을 수 있는 끝까지 남기로 하였고, 한국에서의 선교 사역 50여 년을 뒤로하고 추방되는 마지막 선교부 회원들이었다.

호주에서는 불길한 전조가 감돌고 있었다. 지금까지 일본의 승리는 놀라움이었고 위협적이었음은 의심할 여지가 없다. 어디에서도 일본의 최후 승리는 확인되지는 않았지만, 호주의 커틴 수상이 호주가 초토화될 수도 있다고 공공연하게 말한다는 이야기가 들려

왔다. 우리의 제대로 준비 안 된 군대로 인하여 패배한다는 것이 무슨 의미인지를 잘 몰랐다. 심지어 국가가 정복될 가능성도 상상할 수밖에 없었다.

이러한 모든 어둠 속에 한줄기의 분명한 희망과 확신은 있었다. 그 확신은 다음과 같은 사실에서 왔다. 나는 한국인 기독교인들의 영웅적이고 투쟁적인 증언을 목격하였고 알고 있었다. 그들은 일본 천황과 핍박자들 손 안에 있었다. 그들이 도움을 청할 곳은 아무 곳도 없었고, 구조의 손길도 전혀 없었다. 그럼에도 그들은 굳건히 있었다. 그들은 모든 감언이설과 협박을 거절하였고, 일본의 태양신과 신사 참배에 동의하라는 악의적인 권력의 고문을 견디었다. 그렇게 그들은 어둠의 권력에 대항하여 영적인 자유함의 등불을 켜갔고, 그 등불로부터 세상의 다른 문명의 등불도 다시 켜져 타오를 것이다.

이 순교자적인 증언을 이어간 남녀 기독교인들은 하나님의 섭리와 은혜로 호주교회의 선교를 통하여 믿음을 가졌다. 나는 주장하기를 만약 딸 교회(피선교지 교회)가 이렇게 고귀하게 해냈다면 어머니 교회(선교지 교회)가 실패한다는 것은 불가능할 것이라는 것이다. 호주가 세속적인 방법으로 재앙을 당한다 하여도, 심지어 얼마동안 정복을 당한다 하여도 자유의 등불은 계속 타오를 것이다. 호주인들에게 내가 할 수 있는 봉사는 한국인의 승리의 메시지를 전하는 것이고, 그 승리는 위협, 생존권 박탈, 가족의 분열, 감옥과 고문 그리고 죽음을 이긴 승리의 메시지이다. 사도 바울이 말한 대로 "우리는 이 모든 일에 우리를 사랑하여 주신 그분을 힘입어서

이기고도 남습니다"(롬 8:37)라는 것이 한국교회에서 증명되었고,
나는 다음과 같이 적었다.

추방되다

그들은 우리를 호주로 추방하였다
그곳은 우리의 가족이 먼저 간 곳
그곳은 전쟁의 어두움이 가까이 드리운 곳
침략의 위협이 명백한 곳
그러나 우리는 그들에게 승리를 말해줄 것이다
믿음과 사랑이 이겼다고
그리고 그들은 호주에서 믿음을 지킬 것이다
하나님의 아들이 다시 올 때까지

추방되다

한국을 떠나는 것은 중요한 사건인 것만큼 감동적이기도 한 순간이었다.

우리 호주 선교사들이 떠난다는 소식을 한 그룹의 한국인 여성들이 들었다. 그들 중에는 믿음에 대한 굳건한 충성으로 인하여 큰 고통을 받은 사람들도 있었고, 극단적인 정부의 국가주의와 경찰의 반기독교적인 증오에도 타협 없는 동정심을 보임으로 그들을 모욕하고 있는 여성들이었다. 우리가 떠나려고 준비할 때, 그들은 우리를 보러 한 걸음에 달려왔다. 그들은 이미 사택에 있던 레인 목사와 나에게 아름다운 한국 비단 양복을 선물로 주었고(라이트 목사는 전에 이미 받았다), 그 옷은 그들이 밤새도록 앉아 바느질하여 완성한 것이다. 나는 이 선물을 얼마나 귀하고 보물같이 여겼던가. 경호 속에 우리가 집 앞 문으로 나올 때 그들은 밖에서 기다리고 있었다. 그들은 우리와 같이 걸었고, 우리와 경호원들과 같은 전차에 탔다. 그 여인들 중 한 명은 허밍으로 찬송가를 부르고 있었는데 전차에 탄 사람들의 시선을 끌고 있었다. 그들은 항구로 입장하는 규정을 피하여 떠나는 증기선을 환송하였는데, 우리가 언젠가 다시 한국과 일본으로 돌아올 때 기쁘고 사랑을 담아 환영하겠다는 선언이었고, 전쟁과 추방으로 더 탄탄해진 우리들의 믿음과 친교가 계속될 것이라는 확약이었다.

6월 2일 우리는 한국에서 일본을 건너는 해협을 통과하였다. 배

▲ 한국을 떠나는 날(윗줄 왼쪽부터 앨버트 라이트 목사, 라이트 부인, 시모무라 씨, 오히라 씨, 아랫줄 왼편부터 찰스 맥라렌, 해럴드 레인 목사, 레인 부인, 경찰 안내원)

위에서 우리는 한국을 떠나는 97명의 다른 피난자들을 만났고, 그들은 지난 6개월 동안 적국의 시민으로서의 한국생활에 관한 이야기를 나누었다. 그들의 경험은 다양하고 풍부하였는데 캐나다 선교병원의 플로랜스 머레이 박사와 번스 양은 관대하고 신사적인 대우를 받았는가 하면, 미국장로교 선교부의 선임자 회원 세 명은 경찰에 의하여 무법적이고 잔인한 경험을 서울에서 하였다. 서로의 안부와 경험을 나누느라고 우리는 분주하였다. 배 위의 피난자는 모두 101명으로 영사관 직원, 사업가, 광부, 천주교 신부와 수녀들 그리고 개신교 선교사들이었다. 거의 60년 전 처음으로 한국 땅을 밟은 개신교 선교사는 언더우드 박사이다. 나는 그의 아들 언더우드에게 축하할 기회가 있었는데, 한국을 떠나는 마지막 그룹에 언더우드의 두 손자가 타고 있었고 멀지 않은 날에 다시 한국으로 돌아와 건설적인 노력을 할 수 있을 것이라는 희망을 피력하였다.

다음 날 아침 우리는 일본 고베에 도착하였고, 그곳에서 우리는 후에 만주와 몽골에서 온 피난자들도 만날 수 있었다. 미국인을 태운 첫 교환 선박은 6월 말에나 떠났다. 우리 영국인과 다른 동맹국 국민들 교환 작업에는 문제가 있었다. 우리 호주인 5명과 40여 명의 다른 사람들은 고베의 인도인들을 위한 파세호텔에 머물렀다. 이 그룹의 한 가지 특징은 여러 가지 언어를 사용한다는 것인데, 약 20개의 다른 언어가 존재하였다. 나는 고베에서 온 6명의 네덜란드인 사업가들의 용기와 친절함에 깊은 인상을 받았는데, 그들 자신이나 가족의 손실과 그리고 그들 국가에서 일어나는 일들이 그들에게 영향을 끼치고 있었다. 이 사람들은 이스턴 로지에 몇 개월 머물고 있었다. 그들은 그들의 숙사 옆에 작은 정원을 꾸몄다. 일본 감시인들은 그 정원의 모양을 흥미롭게 지켜보고 있었는데, 정원의 길은 승리를 뜻하는 V 모양이고, 네덜란드 여왕 빌헬미나를 뜻하는 W 모양임을 눈치채지 못하고 있었다.

우리가 고베에 도착한 지 며칠 후에 한 가지 흥미로운 기회가 생겼다. 로마 천주교 선교사 두 명이 합류하므로 우리 호주인은 7명이 되었는데 호텔 라운지에 호출되었다. 그곳에서 우리는 유쾌하고 젊고 말 잘하는 한 일본 기자의 연설을 들었다. 얼마나 피해가 있는지는 모르지만 호주 시드니에 폭탄이 투하되었다고 그는 예의 있게 말하였다. 그는 우리의 반응을 보기 원하였고, 그는 그 반응을 볼 수 있었다. 이 소식을 어떻게 생각하느냐는 그 기자의 질문에 레인 목사는 일어서서 되물었다.

"만약 고베에 폭탄이 투하된다면 당신은 어떻게 생각하겠는가?"

호주가 영연방을 떠나 '위대한 동아시아의 공동번영체'에 속하는 것은 부분적으로 지혜롭고 부분적으로 이익이 된다는 명제를 성립시키려는 일본의 선전은 그 자체가 무리였다. 그리고 그 선전은 폭탄투하로 더 강화되었다. 그들은 호주인들이 이 상황에 대하여 어떻게 생각하는지 모든 힘을 동원하여 알기를 원하였다. 우리가 보기에는 그들은 그것을 이해하고 있었다. 우리는 독립적인 국가들의 영연방 성격에 대하여 먼저 이야기하였고, 호주와 어머니 나라와의 관계에 대하여 설명을 하였다. 호주가 어느 위치하여 있고, 앞으로도 그럴 것이고, 그것은 스스로의 결정에 의한 것임을 분명히 하였다.

그 젊은 기자는 우리의 이야기를 주의 깊게 듣더니 다음과 같이 요약을 하였다.

"그러면 이런 것입니까? 법적으로는 호주가 영연방을 떠날 자유가 있지만, 정서적으로는 자유롭지 못하다는 것입니까?"

"당신은 이 상황을 정확하게 설명하였습니다."

나는 대답하였다.

이 대화의 흥미로운 속편은 다음과 같다. 그 기자와의 대화 당시 그 자리에서 대화를 감독하며 듣고 있던 그 지방의 한 관료는 우리의 보호자이기도한데 며칠 후에 나에게 말하였다.

"그때 그 기자에게 대답할 때 당신의 태도에 대하여 감사를 드립니다."

일본인은 존경을 알고 충성을 존중하는데, 이 경우를 통하여 볼 수 있듯이 그들 자신을 반대하는 진영에서도 충성이 있을 시 그것을 존중한다.

한국이나 일본에서 구류되어 있던 몇 개월 동안 경찰을 제외한 보호자나 감시자들을 만날 기회가 있는데, 그들은 우리의 억류를 감독 맡은 그 지역의 중요한 관리들이었다. 한 관리는 고전 영어와 번역된 그리스문학을 성실하고 지성적으로 읽던 모습을 나는 기억한다. 한번은 그가 플라톤의 번역서를 가지고 있었고, 또 다른 날에는 '18세기의 영국 수상 역사서'를 읽고 있었다. 나는 에드먼드 버크에 관하여 그에게 이야기를 하였다. 그를 위하여 나는 '위험한 생각들'을 발췌하여 적어 주었는데 영국 왕에게 주는 버크의 연설이다. "폐하, 왕위에서 하신 연설 중에 미국 식민지에서 있는 문제들에 관하여 비탄해 하셨습니다. 우리도 그 문제들을 비탄해 합니다. 그 문제들의 이유는 분명합니다. 정부의 잘못된 행위 때문입니다." 이것은 그 관리에게 강력한 내용이었지만 그는 개의치 않고 다음에는 버크의 연설문을 구입하겠다고 하였다.

우리는 서양 문명의 원천과 뿌리에 대하여 이야기를 계속하였는데 그는 큰 관심을 가졌다. 우리는 소크라테스도 말하였고 그의 훌륭한 죽음의 예에 대하여도 논하였다. 후에 나는 그 관리에게 신약을 읽어 본 적이 있느냐고 물었다. 내가 놀란 것은 보통 일본의 지식인이라고 하면 최소 복음서 정도는 알고 있을 것으로 기대하였는데 읽어보지 못하였다는 대답이었다. 우리의 문명을 이해하려면 버크나 소크라테스보다 신약을 아는 것이 더 중요하다고 강력하게 추천을 하였고, 이것을 이해하지 못하면 서양을 아는 것은 불가능하다고 하였다. 읽어보라고 충고하였다. 그는 표정이 바뀌면서 대답한 말은 매우 중요하고 정직하였다.

"나는 그것을 읽기가 두렵습니다."

일본 정부 관료들이 신약성서를 읽는 것을 두려워한다는 것을 나는 전적으로 이해한다. 단순히 일본에서는 성경을 소유하거나 읽는 것이 금지되어서가 아니라, 그것을 읽는 정직한 독자는 그 함축적 내용을 통하여 현재 일본이 가지고 있는 결정적인 어려움을 알게 되기 때문이다. 당시 내 책상 위에는 '현대 영어로 된 마가복음'이 놓여 있었다. 나는 그것을 집어 들어 복음서 중에 이 책은 유대인 배경을 가지지 않은 사람들을 위하여 예수 그리스도의 이야기를 전하고 있다고 그에게 설명하였다. 나는 이 책을 그에게 권하였고, 개인적으로 덧붙인 것은 현대 영어로 된 이 성경은 나의 여동생이 작업한 것이라고 언급하였다. 그는 읽어 보겠다고 동의를 하고 그 책을 가지고 갔다. 그리고 며칠 후 그는 그 책을 다시 가지고 왔다. 책이 어땠느냐고 나는 그에 물었다. 그는 대답하기를 "백배 더 강하다"고 생각하였고 그리고 그것이 사실이라고 믿는다고 하였다.

나는 하나님과 황제의 관계 속에 일본 사상의 중심 문제가 무엇인지 그에게 더 이야기를 하였다. 그리고 그리스도가 보여주신 문제의 해결을 나는 그에게 지적하여 주었다.

"가이사의 것은 가이사에게, 하나님의 것은 하나님께 바치라."

하나님께만 드리는 영광과 충성심을 사람에게 준다는 것이 얼마나 불가능한 것인지를 나는 주저하지 않고 설명하였다. 그리고 그것을 거절하자 큰 대가를 치루는 사람이 현재 한국과 일본에서는 많이 있다.

주의 깊은 관찰과 오랜 생각으로 내가 확신하는 것은 모든 일본의 문제에는 이 문제가 깔려 있고, 이것은 해결되어야만 한다. 나는 나의 억류 생활이 가치 있었던 것은 이 일본 관료에게 진실을 이야기할 기회가 있었기 때문이라고 생각한다.

7월 27일 우리는 고베를 떠났고, 다음 날 요코하마 항에 내려 일본의 가장 좋은 환태평양 정기선 '타추타 마루'라는 교환 선박에 올랐다. 우리는 스위스 대표들에게 큰 은혜를 얻었는데 그들이 우리를 대신하여 일을 많이 하였기 때문이다. 스위스 대표들은 첫 번째 중립 항구까지 우리와 함께 항해를 하였다. 이 배는 안전하게 운행을 하였고, 불을 밝혔으며, 특별한 표식을 하였다. '타추타 마루' 호에는 일본이 통치하는 나라에서 피난자로 온 수백 명의 사람들이 타고 있었는데, 일본이 어떻게 자신들을 취급했으며 어떻게 전쟁을 일으켰는지 서로 배울 수 있는 독특하고 특별한 기회가 주어졌다. 승객들은 일본, 한국, 만주 그리고 몽골에서 온 사람들이다. 후에 북경과 상해와 광동을 포함한 남북 중국에서 온 피난자과 인도차이나와 태국 그리고 필리핀인들도 승선하였다. 거의 모든 동맹국에서 와 있었고, 그들은 외교관, 은행가, 사업가, 기자, 교육가, 선교사 그리고 은퇴하고 이 지역에서 사는 사람들이다. 몇 명의 인도인들은 상해에서 승선하였다.

한국에서는 일본이 사람들을 어떻게 취급하는지 광범위한 차이가 있고, 각기 다른 방법을 사용한다. 어떤 때 그 차이는 완전히 우연이기도 하고, 지역 관리의 기행적인 결정이기도 하였다. "불의를 기뻐하지 않으며 진리와 함께 기뻐합니다." 피난자들에 대한 일본인들의 취급은 합리적이거나 심지어는 관대하기까지 하였다. 그러나 거기에는 어두운 또 다른 면이 있는데 이 끔찍한 사실을 다른 방법으로 변명하려는 것은 진리를 거스른 사람들이다.

일본은 희생자로 선택한 사람들을 놓치지 않는 잔인하고 무서운 방법이 있는 것 같다. 고베를 예로 들면 모든 해외 은행의 은행장과 사업체의 장을 구속하였다. 대부분의 은행과 큰 사업체의 대표는 간첩으로 혐의를 받았다.

이 사람들은 경찰과 법제도의 자비에 종속을 받는데 이것은 대헌장이나 인신보호법, 혹은 권리장전은 아니었다. 이들은 감옥에 갇히고, 협박을 받으며, 위협을 당하며 그리고 잘 먹지 못했다. 이들은 범죄자와 같이 수용되었다. 이들은 육체적인 폭력에 시달리기도

하였다. 나는 감옥에서 풀려나온 그들 중 몇 명을 보았는데 어떤 이들은 망가져 있었다. 내가 보지는 못하였지만 정신이 이상하여져서 출소 하루나 이틀 후에 자살한 사람도 있었다. 일본에서 가장 오래된 무역회사 중 하나를 소유한 한 가족의 여성 노인은 일본인 남성 수감자와 같은 방에 수감되기도 하였다. 그녀의 수감 이유는 몇 개월 전에 단파방송을 들었다는 죄였다.

도쿄의 성공회 주교인 히스렛 주교는 70세가 넘었는데 지난 2년 동안 일본에서 친선을 도모하며 일본교회를 위하여 헌신하였는데 스파이 혐의로 체포되었다. 그가 어떻게 스파이가 아닐 수 있는가? 그는 영국 국교회의 주교가 아니었던가. 그의 상관인 컨터베리 대주교는 3년 전에 중경을 무자비하게 폭파하는 것을 반대하는 모임을 주재하지 않았던가? 일본과 한국의 성공회 선교사들은 대주교의 이 행동으로 대가를 치루었다. 하지만 이것으로 고국의 지도자들은 해외선교부에 어떤 해악이 끼칠 것이 염려되어 그들의 인도적이고 기독교적인 의무를 소홀히 하지 않기를 나는 신실하게 희망한다. 히스렛 주교에게 또 다른 혐의가 씌워질 상황이 있었는바 영국 시민은 누구나 영국 영사를 자주 방문하여 더 의심을 샀다. 히스렛은 자신의 친구가 많이 있는 대사관을 자주 방문하였던 것이다. 그의 친절한 선의도, 존경스러운 나이도, 거룩한 직책도 체포되어 구속되는 것을 막지 못하였고, 그는 모욕과 고난 그리고 부정의를 겪을 수밖에 없었다.

일본 경찰이 증거를 취득하는 이론과 실제는 희생자로부터 자백을 받는 것이었다. 전적으로 결백한 자라도 경찰이 강박이나 고문을 가하면 '자백'을 만들어 낼 수밖에 없다는 사실이다. 자백을 얻어내면 그 경찰은 보상을 받고 그렇지 못하면 정반대의 취급을 받는 것 같았다. 이러한 제도는 지나친 방종을 유발할 수밖에 없다는 것을 알게 되었다. 이것은 우스운 상황을 만들기도 하였는데 비판이나 좌천을 피하기 위하여 아주 작은 죄목이나 기술적인 범법이라도 자백을 받아내기 위하여 죄수에게 거의 애원하는 경우도 생겨났다!

상해에서도 같은 이야기가 있다. 영국 사업가의 한 무리가 그곳에 살고 있었는데, 그 국제 도시가 반일본주의와 친영국주의 바람 속에 있었다. 이때는 일본이 전쟁 선포를 하기 전이었다. 평화 시기에 일본은 어찌하여 일본 영토밖에 살며 자국의 통치를 받는 해외 국민들에게 사법권을 행사하는가? 이들은 교도소에 수감되었으며 그곳에서 매독에 걸린 일본인이나 중국인 총잡이들과 같이 생활을 하였다. 그곳에는 상해의 범죄자도 있었고, '위험한 사상'을 가졌다는 상냥한 중국인 여학생들도 있었다. 후에 그들은 독방에 구류되었으며 그중 한 명은 불행히도 폐렴에 걸려 헛소리도 하고 무의식에 빠지기도 하였는데, 그냥 흙 위에 방치되어 대소변도 못 가리는 모습이었다 한다.

이 전쟁의 잔혹한 내용이나 수감자에 대한 비인도적인 처사는 확인된 이야기들이다. 포로된 중국인들을 대상으로 총검술 연습을 하고, 탈출하려고 했다는 죄목만으로 사형을 집행하고, 미운털 박힌 유럽인들을 의도적으로 모욕하고, 그들의 위신을 문자 그대로 오물 속으로 끌어들였다. 잔인하고 난폭한 이 이야기들은 정말 믿기 어렵다. 분명한 증거로 지적인 신뢰가 간다고 하여도 이런 이야기는 감정적인 회의심이 든다. 인간이 정말 이런 잔인한 짓을 할 수 있는 것인가? 그렇다. 일본이 그런 만행을 자행하였고, 일본 국가가 아니라 아랫사람 몇 명이 한 일이라는 말로 진실을 호도하는 것이다. 많은 증거들로 인하여 그 사실을 인정하는 사람이나 관리는 이 범죄에 책임 있는 사람은 없다고 하고 또 아무도 책임이 없다고 말하지만, 그런 사람은 문명의 근본인 도덕적 질서와 정의의 적이다. 그런 사람은 사실 일본의 친구도 아니고, 사실을 인정하고 국가의 행위를 책임지는 올바른 자세가 아니기에 일본의 미래도 없는 것이다. 일본이 이렇게 난폭하였다는 것은 증거들이 우리로 하여금 그렇게 판단하게 한다. 이런 역사에 대하여 단순히 무서워하고 격앙되는 것보다 이런 현상에 대한 현대 과학과 옛 지혜의 빛을 수용하여 건설적으로 나가는 것이 더 현명할 것이다.

우리는 모두 인간이며 프로이드가 가르친 대로 인간 본성에는 몇 가지 놀라운 사실들이 있다. 우리는 이것들을 성경에서도 배웠고, 어느 부분들이 후에 강조되었다. 잔인한 새디스틱 경향의 쾌감도 사실이고, 일본인을 포함한 우리 모두는 인간이다. 여기서 고백하는 것이 아마 적절할 것 같다. 나는 다섯 살 적에 닭의 모가지가 잘리는 모습을 흥미 있게 본 적이 있다. 피가 분출되는 모가지와 몸 부림치는 몸통. 얼마나 잔인한 광경인가! 또한 내가 12살 소년이었을 때 내 발의 뒤꿈치로 불행한 토끼를 죽인 적이 있는데 내 힘을 과시하는 만족을 느꼈었다. 얼마나 혐오스러운 기억인가!

그러나 인간 본성이 그렇게 유지될 필요는 없다. 그것은 계속하여 바뀔 수 있다. 프로이드는 그것을 '승화'로 불렀다. 더 간단하고 진실된 단어를 사용하면 남자와 여자는 회개하고 개혁될 수 있는 것이다. 새디즘의 주요 중압감이 일본을 불명예스럽고 부패하게 하였다. 그들이 하나님 앞에서의 그들의 죄와 인류에 대한 죄를 고백하게 하라. 그들이 빨리 회개하게 하라. 그들의 힘이 자라는 대로 보상하게 하라. 인류의 분노와 더 처절한 하나님의 징벌이 그 나라를 덮쳐 파괴하기 전에 말이다.

호주로 향하다

'타추타 마루'호의 항해는 순조로웠다. 선원들은 우리를 정중하고 합법적으로 대했다. 우리는 거의 배 안의 장교들을 보지 못하였다. 만약에 대비한 예방 차원의 군인들이 배 어디엔가 있었지만 그러나 그들을 볼 수는 없었다. 그러나 배는 붐비었고, 우리는 그것에 기뻐하였다. 물 사용이 제한되어 세탁은 어려웠다.

8월 28일 우리는 포루투칼령 동아프리카 로렌코 마키스에 도착하였고, 그 즐거운 도시에서 2주를 머물렀다. 포르투칼인들은 스스로 가장 인정 많은 중립국임을 인정하였다. 우리를 향한 그들의 친절함으로 우리는 마음이 따뜻하여졌다. 그리고 그곳에는 놀라운 남아프리카 적십자사 지부가 있었다. 그들의 관대함은 은혜로웠다. 우리의 한 가지 실제적인 어려움은 돈을 다 써버리는 것을 피하는 것이었다. 자신의 짐과 소유를 잃어버린 사람들을 위하여 옷가게들은 문을 열고 기다리고 있었다.

그리고 배들은 각기 영국, 인도 그리고 호주로 출발하였다. 호주와 뉴질랜드로 향하는 우리의 다음 목적지는 더번이었는데, 영국령의 땅에 발을 다시 딛는 것이 얼마나 흥분되었던가! 우리는 더번에서 6주를 지냈다. 그곳에 약 100명이 우리를 호주로 데려가기 위하여 배를 기다리고 있었다. 지금까지 우리는 공격받을 위험이 없는 태평한 항해를 하였는데 외교적인 특권의 안전함을 즐길 수 있었다. 더번에서 호주로 가는 항해에서 우리는 모든 위험을 서로 나누

있는데 같은 나라 국민, 항해사, 군인 그리고 다른 이들도 전쟁 시
바다의 위험을 함께 대면하기 때문이었다.

그럼에도 불구하고 모든 사건들 속에서 약속의 말씀은 굳건하
였다.

"두려워 말라. 내가 너와 함께 함이라."

셰익스피어가 우리에게 하는 말도 사실이다.

"가족들과의 만남에서 여행은 끝이 난다."

추신: 11월 16일

드디어 호주다! 얼마나 풍요로운가! 얼마나 놀라운가! 얼마나 부와 환영의 따뜻함으로 차 있는가! 여행은 가족들과의 만남으로 끝이 났다. 이 여행은 끝까지 은혜와 축복이었다. 배도 최고였다. 위험은 물론 높았지만 우리를 건드리지는 못했다. 또한 어려움도 없었다. 영국 선장과 그의 선원들은 우리가 어려울 때 안심을 시켜 줄 것이라 기대하지만, 선실 승무원, 식당 안내원 그리고 이발사까지 풍파 없이 잘해 주었다. 어떻게 승객들을 위하여 유쾌한 분위기를 만들며, 작금 일어나는 일들을 잊어버리게 할 수 있었을까?

그리고 우리는 지금 호주로 정말 돌아왔고, 이 모든 혼란으로 이루어진 세상에서 더 나은 세상을 위하여 우리의 역할을 하기 원한다. 우리가 그렇게 하기 원한다면 이 진통에서 더 나은 인류가 탄생할 수도 있을 것이다.

3장

그들은
신앙을 지켰다
—한국으로부터 오는 밝은 빛

They kept the Faith:

Shining Lights From Korea

Charles. I. McLaren

Published by The Presbyterian Bookroom

(Melbourne: Australia, 1946)

"꼭 되어야 할 것이 필요하다"

　다음의 글은 한국의 남성과 여성을 위한 기록이자 찬사의 글이다. 그들 대부분은 자신들을 자유케 하는 진리를 위하여 고난을 받기도 하고 죽기도 하였다. 그들의 생명은 자유를 위한 인류의 탐구와 노력을 향한 중요하고 고귀한 공헌이다.

　그들의 업적과 희생이 호주인들에게 알려져야 하고 찬사를 받아야하는 것은 전적으로 적절하고 옳은 일이다.

　아시아에서의 전쟁은 호주에 사는 우리에게 많은 교훈을 가져다주었다. 예를 들어 호주 전쟁포로를 돕기 위하여 자신의 생명을 바친 말라야에 있는 중국인들의 놀라운 용기는 많은 호주인들의 무한한 사랑과 존경을 얻게 되었다. 그러나 불행히도 그 말라야 상황에 매우 어두운 다른 면도 존재하고 있다. 어떤 한국인 감독관들은 (이 한국인들은 일본인 지배자에게 그들의 영혼을 기꺼이 판 사람들이다.) 우리 호주 전쟁포로들을 매우 잔인하게 취급한 죄를 지었다. 그러나 동남아시아에서 일본의 전쟁범죄에 부역한 한국인들은 한국에서조차 그들의 악행과 비인도적인 행위로 명성을 얻고 있었고, 다른 한국인들은 우리 인류의 영원한 인간다운 모습과 위상을 스스로 증명하고 있었다. 그들의 행위는 증거를 제공하는바, 호주에 사는 우리는 그것을 기억하고 소중히 여겨야 하는데, 그것은 인류의 정신으로 할 수 있는 가장 높은 소양이고 용기이고 충성이다. 이것은 인종이나 피부색과는 상관없이 뿜어져 나오는 빛이다.

이 글은 우리 공동의 인류 이야기와 교회의 우주적인 역사에 빛을 더하고 있는 남성과 여성에게 헌정된다.

이 글이 "헌정된다?" — 그렇다. 그러나 이 상황을 겟츠버그에서 한 링컨의 유명한 강연에 적용한다면, "우리는 헌정할 수 없다. 우리는 바칠 수 없다 — 우리는 이곳을 숭배할 수 없다. 그곳에서 투쟁한 살아있거나 죽은 용감한 자들이 우리의 약한 힘들을 뛰어 넘어 헌신하였고… 이것은 살아있는 우리를 위한 것으로, 고귀하게 이루어진 그들의 고난과 죽음은 한국에서 아직 끝나지 않은 일을 위한 것이다."

이러한 한국적인 상황으로 인하여 이 글에 관한 설명이 필요하고, 이것은 한국인들이 희생이 필요하다고 본 그 상황이다. 그들의 희생은 죽음에 이르기까지의 신실함이요, 생명의 면류관이다.

일본의 전쟁 군주들은 한국인 기독교인들을 포함하여 일본의 모든 속국에 태양신 제단과 다른 일본의 수호신들에 복종하도록 요구하고 있었다. 무자비한 전체주의자들이 이러한 요구를 하는 이유를 어렵지 않게 알 수 있는데, 이것은 박해와 투옥, 고문 그리고 죽음을 불러오기까지 한다. 이러한 강요는 일본인 도당에 의하여 잉태되었는데, 그들이 절대적이라고 선언하는 권력에 완전히 복종하는 시험이자 효과적인 방법이었다. 그들의 요구 속에는 필수적으로 질문이 내포되어 있다.

"우리의 궁극적인 충성은 어디로 향하는가? 우리의 삶과 행위의 실제적 주인은 누구인가?"

높은 애국심과 자유를 사랑하는 자들이 인권과 해방의 이름으로 본능적이고 헌법적인 자유를 지키기 위하여 저항을 해야 하는 부름이 왔는지도 모른다. 이러한 상황을 만나 기꺼이 대가를 치를 사람을 어느 곳에도 흔히 찾을 수 없었는데, 이 상황이라는 것이 단지 어려운 것일 뿐만 아니라 계획적이고 고의로 혼란스럽고 불분명하게 만들어졌기 때문이다. 단순한 희망사항과 허위적인 내용을 거절하고, 있는 그대로를 보고 위험한 현실에 따라 행동하는 용기보다 더 숭고한 소양은 아마도 없을 것이다. 한 예로 던커크 위기 속의 처칠보다 뮌헨의 위기 속 처칠이 더 위대하였다. 뮌헨에서의 맹약을 불명예 적이고 불가피한 전쟁으로 솔직하게 말하였을 때, 나라의 영예가 더럽혀지지 않았다는 확신을 수백만 명이 하루 만에 받아들일 수 있었다.

이와 마찬가지로 진리에 헌신하여 육체적으로는 핍박을 당하여도 영적으로는 용감하고 자유로운 한국의 남성과 여성이 높은 품격의 용기를 이미 보여주었다.

인간의 힘으로는 너무 어려운 어쩔 수 없는 상황에서 기독교 믿음과 헌신은 친숙한 기적을 이룰 수 있었다. 냉소적으로 신앙을 강요하며 그들의 기독교적 충성에 직접적으로 도전하는 전체주의적인 요구를 기독교인 남성과 여성은 볼 수 있었다. 그들이 이 상황을 분명히 볼 수 있었던 것은 이들의 깊은 영혼 속에 예수 그리스도만이 그들의 주임을 확신하고 있었기 때문이다. 그 주님에게만 그들은 헌신하였다. 그 분 속에 그리고 그 분을 행한 그들의 태도 속에 불확실하고 혼란스럽게 조작된 것들이 분명하고 단순하게 밝혀져 있었다. 그들의 생명과 양심의 주인이 주님과 주님의 진리인가? 아니면 절대 국가의 신성모욕과 거짓인가? 그들의 대답은 명백하였다. 진리와 자유를 위한 길에 그들의 입장은 결정적이었다.

일본 경찰은 사람들의 마음속에 있는 최종적인 관심사가 예수 그리스도인 것을 빠르게 알았다. 그리고 그들은 기독교의 내재된 응답이 그들의 제도에 위험인 것도 깨달았다. 그 경찰들은 체포된 그리스도인들에게 결정적인 질문을 가지고 있었는데 "누가 더 위대한가 ― 천황인가 아니면 예수 그리스도인가?"였다.

우연히도 한 일본군 지도자에 의하여 이상하게도 본질적인 질문이 인정된 것이 호주의 필자에게까지 전달되었다.

한국의 총독인 미나미 장군에게 그리스도인에게 신사참배를 강요하는 그의 정책을 항의하는 것이 나의 임무였다. 하나님으로부터 그리고 국가로부터 나에게 주어진 상반된 명령으로 생겨난 딜레마에 대하여 나는 이야기하였다. 나는 그에게 그의 명령을 거두어들임으로 나의 딜레마를 해결해 줄 것을 요청하였다. 박해하는 군국주의자이자 이교도인 미나미 장군은 다음과 같이 대답하였다.

"나는 당시의 딜레마를 이해합니다. 그리고 동정합니다. 당신은 기독교인으로 하나님께 순종해야 할 것이라고 생각합니다."

그러나 그는 계속하여 그의 정책을 펼쳐갔다.

한국의 기독교 순교자들은 경찰의 그 질문에 목숨을 걸고 대답할 준비가 되어있다.

"누가 더 위대한가 — 천황인가 아니면 예수 그리스도인가?"

그들은 신사참배를 거부함으로 그들의 대답을 알렸다.

그들의 행위는 동료 기독교인들에 의하여 깊은 생각과 분명한 표현으로 판단되었는데, 호주장로교 선교부의 회원들은 다음과 같은 결정을 기록에 남기었다.

우주의 창조자이시며 운행자 되시고 인류의 아버지로 계시된 한 하나님만을 우리는 예배한다. 다른 영을 숭배하는 신사에 절하라는 명령과 또한 그곳에서의 예배의식 거행은 하나님의 명령에 불순종하는 것이므로, 우리는 우리 자신이 참배를 하거나 우리의 학교에 참배를 하라고 지도할 수 없다. (1936년 2월)

1936년 2월의 선교정책에 선언한대로 신사에 참배하는 것으로부터 우리는 단절할 것을 결정한다. 신사 앞에 절을 하고 그것에 내재된 의미에 동의하는 것은 하나님의 진리에 반대되는 것으로 우리는 믿으며, 그 진리는 기독교인으로 증인되는 것이 우리의 첫 번째 의무이기 때문이다. (1939년 1월)

로마제국과 황제의 숭배 요구를 무력화한 다른 기독교인들처럼 한국의 기독교인들은 신이 없는 일본의 군국주의나 초국가주의 그리고 법을 모르는 자부심과 야망에 대항하여 영적인 전쟁을 할 준비가 되어 있다. 초대교회가 로마제국을 이길 수 있었던 것은 간단한 교리가 있었기 때문이다.

"예수가 주님이다."

이것이 한국의 충성된 기독교인들에게도 영적이며 실제적인 고백이었다.

누가 감히 그들이 한 행위의 중요성과 유익성을 측정이나 할 수 있겠는가? 그들의 헌신은 정직하였고, 자유로운 한국과 새로운 일본을 약속하였다. 그리고 이 약속들은 이미 성취되기 시작하였다. 미국 점령군들이 한국의 미래지도자들을 생각한다면 이 기독교인들을 특별히 생각할 수밖에 없을 것이다. 한국의 기독교인들을 박해하고 심지어 일본 기독교인들까지 구금한 일본 수상은 일본이 항복한 후 명목상의 정의를 옹호하기보다 일본의 재건을 위하여 이 기독교인들에게 즉시 도움을 요청해야 하지 않았을까?

고귀한 순교자가 주님을 찬양합니다

다음 네 명의 순교자는 호주장로교 선교부 관할의 지역에 살았다. 현재까지의 정보에 의하면 한국의 다른 지역에 또 다른 12명의 순교자가 있다.

최상림 목사

최상림 목사는 호주 로버트 왓슨 선교사가 일하던 지역의 토박이였다. 그의 기독교 신앙은 왓슨 선교사에게 깊은 인상을 남기었다. 후에 최 목사는 한국에 막 도착하여 한국 문화와 언어를 배우려는 또 한 선교사에게 큰 도움을 주었다.

최 목사는 곧 노회의 지도자가 되었다. 호주선교부의 모든 회원은 1937년 선교공의회에 참석한 그를 기억할 것이다.

호주선교부는 그 전 해에 명백하고 만장일치로 신사참배를 거절한다는 기록을 남기었다. 동시에 선교부에 어려움은 증폭되었고, 우리의 한국인 동역자 사이어 분열이 감지되었다. 최 목사는 우리 중의 몇몇이 일본의 거짓 약속과 거대한 대표단에 속을까봐 우려하고 있었다. 그는 우리에게 견고하게 서 있어 타협하지 않을 것을 간청하였다. 우리의 입장을 확고히 할 수 있도록 돕는 그의 행위는 영감적이었고 용기를 주었다.

그리고 얼마 지나지 않아 큰 압박이 최 목사에게 가하여 졌다.

그가 노회장으로 피선이 된 것이다. 신사참배에 동의하라는 안건이 올라왔다. 한번 두 번 그리고 세 번 그 지역의 경찰서장은 노회 모임에 직접 찾아 와 순복할 것을 요구하였다. 최 목사는 자신의 대답이 있었다. 순복은 불가하다. 늙은 폴리갑 주교의 분노처럼 교회 역사에 다시 한 번 제국의 요구에 버티는 기독교인이 있었다. 한 경찰은 후에 증언하기를 많은 노회 모임에 참석해 왔지만 이 노회 같은 모임은 없었다고 하였다. 노회원들은 기도와 성령의 힘으로 강해져 있었다. 최 목사는 대답을 하기 위하여 일어섰다.

서머나교회에 주는 메시지였다.

"네가 장차 받을 고난을 두려워하지 말아라. 보아라. 악마가 너희를 시험하여 넘어뜨리려고, 너희 가운데서 몇 사람을 감옥에다 집어 넣으려고 한다. 너희는 열흘 동안 환난을 당할 것이다. 죽도록 충성하여라. 그리하면 내가 생명의 면류관을 너에게 주겠다"(계 2:10).

시간이 지나자 최상림 목사는 체포되었다. 최 목사의 직계 가족인 아내와 수 명의 딸을 물질적으로 긴급히 돕는 것이 선교부의 의무가 되었다. 이것은 비밀스럽게 진행되어야 하였다. 믿을 수 있는 연락관을 뽑아 남루하게 옷을 입혀 보냈고, 또 같은 사람을 두 번 보내지 않으며 시시때때로 최 목사의 아내에게 필요한 돈을 보냈다.

수개월의 구류 후에나 딸 중의 한명이 그의 아버지를 방문하도록 허락을 받았다. 그 딸은 자신을 만나러 나온 백발의 남성을 알아보지 못하였다. 자신의 아버지 최상림 목사였다.

최 목사는 한 가지 특별한 질문을 했는데 깊은 염려의 목소리였다.

"집에 먹을 것이 있는가?"

간수가 지켜보고 있으므로 딸은 다 설명을 할 수 없었지만, "예. 아버지, 음식은 있습니다"라는 의미의 표정을 빨리 표현하였다. 그것이 아버지의 염려를 놓게 하였다.

후에 최상림 목사는 형집행 정지를 잠시 가졌다. 필자는 당시 그와 더 친교할 수 있었는데 그는 믿음과 생기와 그리고 유머가 넘쳤다. 그는 경찰과 놀랍게도 좋은 관계를 맺는 것처럼 보였지만, 타협은 조금도 없었다. 경찰들이 실제로 순복하라는 새로운 요구를 해왔을 때 최 목사는 그들의 기이한 어리석음을 놀리기까지 하였다.

그리고 진주만, 그리고 침묵, 그리고 최상림 목사는 그가 노회에서 읽었던 말씀의 진리를 증명하고 있었다.

주기철 목사

주기철 목사는 호주선교부의 지역에서 태어났다. 프레드릭 맥크레 선교사가 초기에 이 전도가 양양한 젊은 기독교인을 만났고, 목회를 위하여 신학공부를 하라고 격려하였다. 주기철은 미션고등학교를 졸업할 당시 한국에서의 평균 교육 수준을 뛰어넘는 우등한 성적을 받았고, 평양에 있는 유니온신학교에 입학하였다. 그는 처음 부산에서 그리고 후에 마산에서 매우 성공적이고 보람된 목회를 하였고, 그의 동료 선교사들에게 그의 신실성과 용기로 깊은 인상을 남기었다. 주 목사는 태생적으로 약하지 않은 강한 성격으로 생색과 불손함을 참지 못하는 성격이었다. 그는 남쪽에서의 목회기간 동안 착하고 용감한 아내의 도움을 크게 받았다. 첫 번째 아내는 마산에서 사망하였다. 그때 그는 북쪽의 평양으로 오라는 부름을 받았고, 그곳은 교회와 일본 관료들 간의 긴장이 커지고 있었던 때였다. 주 목사는 하나님의 부름이라고 믿는 것으로부터 후퇴하지 않았다. 곧 그는 요주의 인물이 되었고 체포되었다. 그리고 가장 길고 영웅적인 투쟁이 시작되는데, 영웅적이고 불굴의 영의 불변함과 지속되는 협박과 완고한 박해자간의 투쟁이었다.

협박은 주 목사의 가족에게까지 미쳤다. 주 목사의 두 번째 아내는 그녀의 남편에게 흔들리지 않도록 용기를 주었다. 베드로가 체포되었을 때 마가 요한의 어머니 마리아의 집에 교인들이 모여 기도하는 모습을 우리는 사도행전에서 읽는다. 주 목사의 친척, 친구들도 그렇게 하였다. 그가 감옥에 있는 동안 기도 순번이 정하였고, 사랑하는 그를 위하여 기도가 끊이지 않았다. 기도 외에도 기민하고 용기 있는 결정들을 하였는데, 교회에서 그를 빼앗고 그에게 참배를 강요하는 경찰들의 일을 방해하기 위한 내용이었다. 한번은 일본 경찰들이 신사참배에 동의하는 목회자들과 함께 무법적인 모습으로 교회 모임에 도착하였다. 그리고 교인들이 존경하는 목사와 그의 입장에 깊이 충성스러운 교회에 위력을 가하려고 하였다. 그때 재치 있던 한 장로는 경찰들이 오는 모습을 보고 교인들이 찬송을 부르도록 유도하였는데 "굳세고 담대하라"였다. 그렇게 한 시간 동안 찬송을 부르도록 하고 마치자마자 교인들을 즉시 해산시키었다.

그 경찰들은 당황하며 화가 났지만 그 상황을 지켜볼 수밖에 없었다.

주기철 목사로부터 교회 목회의 사표서를 받아내려고 하였던 경찰들의 수고는 수포로 돌아갔다. 거룩한 목회는 경찰이 임명하는 것이 아니라고 주 목사는 계속 주장하였고, 그러므로 경찰에 사표서를 제출할 수 없다고 대답하였다. 일본 경찰들의 법률적인 정신으로 그들도 계속 요구하였고, 주 목사를 노회로부터 제명하는 것이 그들의 목적이었다.

모든 한국 기독교인들이 영웅적인 것은 아니다. 결국에는 수치스럽게도 노회는 경찰의 협박에 순복하였고, 주 목사를 그의 목회지에서 축출하는 과정을 밟게 된다. 그럼에도 주 목사는 여전히 증언을 계속하였다.

한 흥미로운 이야기가 감옥에서부터 왔다. 주 목사의 불굴의 용기에 화가 난 경찰서장은 그를 다루도록 폭력성으로 정평이 나 있던 한 경찰을 뽑았다. 얼마 후 그 경찰이 돌아와 보고하였다.

"더 이상 무엇을 해야 할지 모르겠습니다. 그와는 무엇인가 함께 있는 것 같습니다."

그리고 진주만, 그리고 침묵, 그리고 주기철 목사는 자신의 모든 충성을 바쳤던 주님의 현존에 가깝게 가 있다.

이현속 장로

이현속 장로(원문에는 이윤석으로 표기되었지만 잘못된 영어 표기이다 _역자 주)는 기독교 가정의 2세로 부친도 그의 순교자 아들처럼 깊은 신앙심과 헌신으로 당시 박해의 시대를 지냈다(그는 열한 살 때 젤슨 엥겔 호주 선교사의 세례를 받았다 _역자 주). 그의 외관은 마르고 볼품이 없는 모습이었는데, 마치 사도 바울과 견주어도 다르지 않다고 할 수 있다. "육신적으로는 경멸할만한 모습이지만" 그러나 영적으로는 놀라왔다. 그리고 육신은 그 위엄을 담고 있었다.

이 장로는 처음부터 신사참배의 문제점을 알았고 경찰과 대결적인 모습이었다. 먼저 이 장로를 향한 약간의 위협과 구타가 있었다. 그 다음에는 계획된 방법으로 그 농부 가족을 괴롭혔는데 그들의 모자라는 자급 농업을 착취하였다.

매일같이 경찰은 이 장로와 그의 부친, 그의 아들을 경찰서로 소환하여 구금하고 심문하였는데 한 가정 세 명의 일꾼이 농사일을 못하도록 한 것이다. 이것이 몇 개월 지속이 되었고 결국 성공적인 추수를 할 수 없는 지경에까지 이르렀다. 그러나 하나님의 은혜로 가족이 생존할 만큼의 곡식은 거둘 수 있었다.

보통 한국의 기독교인들처럼 이현속 장로와 그의 부친은 경찰의 심문을 받기 전에 먼저 머리 숙여 기도를 하였다. 이 모습이 두려웠던 미신적인 이교도 경찰은 그 행위를 중지하라고 명령하였다. 이 장로의 부친은 설명하기를 기독교인들은 원수를 위하여 기도하지 저주하며 기도하지 않는다고 하였다. 그 후 경찰은 아무 이의도 제기하지 않았다.

이즈음에 이현속 장로는 진주의 병원에 병원 전도자로 초청을 받았다. 이것은 이 장로가 경찰 본부의 지경으로 들어온다는 의미였지만 그는 그것이 하나님의 뜻이라면 따르겠다고 하였다. 실제로 그는 우리와 1년 정도 함께 일을 할 수 있었다.

이 장로를 관찰하던 한 선교사는 다음과 같이 말하였다.

"그는 매일을 그의 마지막 날 같이 여기고 행동하였다."

후에 이 장로는 체포되어 박해받은 황 장로와 함께 그의 집에서 많은 기도를 하였다. 당시 진주에 있던 제임스 스터키 선교사도 함께 하였다. 이 세 명은 당면한 사안으로 인하여 깊이 하나가 되었고, 기도 속에서 용기와 신앙으로 증언하기로 동의하였다.

이현속 장로에게 새로운 시험이 찾아 왔다. 먼저 그의 아들 학교에 신사가 세워질 때 공헌을 하지 않은 것으로 인하여 아들은 더 이상 공부를 못하게 되었고, 후에 그는 당시 제도가 그럴듯하게 말하는 대로 '자원입대' 되었는데 실은 강제 징집 당한 것이다. 그러나 당시 상황을 뛰어 넘는 기묘한 상황이 발생하여 그 아들은 결국 입대를 피할 수 있게 되었다. 경찰의 협박은 더 심화되었고, 이 장로와 가까운 지인들도 체포되었다. 이 장로가 체포당하는 모습을 스터키 선교사는 다음과 같이 표현하였다.

새벽 4시 30분, 겟세마네에서 일어났던 장면처럼 경찰의 한 무리가 이 장로의 집 담을 넘어와 조용하고 부드러운 이 기독교인을 체포하였다.

그 후 우리는 이 장로를 다시 보지 못하였고, 경찰서에서 어떤 일이 벌어졌는지 소문만으로 들었을 뿐이다.

그리고 진주만 공습과 전쟁, 지금 우리는 이 땅에서 이현속 장로를 더 이상 만날 수 없을 것이라는 소식을 들었다.

"위대한 사랑이 건너갈 때 의심할 여지없이 모든 트럼펫이 울릴 것이다."

먼 훗날에 배돈병원이 확장되어 다른 병동이 건축되면, 한때 배돈병원의 직원으로 섬겼던 이 위대한 기독교인의 이름으로 명명하여 병원의 명예를 높일 날이 올 것이다.

강채희 집사

제국의 중심부에는 기념비가 있다. 이 기념비는 무명의 군인에게 봉납되었다. 한국의 순교자 중에도 알려지지 않은 신실한 남성과 여성 순교자들이 존재하는데, 우리는 이들을 기억하고 영예롭게 해야 하는 의무가 있다.

강채희라는 이름이 우리에게 전해져 왔는데 우리 선교사들에게 아직 알려지지 않은 사람이었다. 이름만으로 보면 이 분은 여성이며, 한국교회 직분인 집사의 신분이었다. 집사는 가톨릭교회 디컨의 역사적인 직분으로 기독교의 첫 순교자는 사도가 아닌 스테판 집사였다.

당시 많은 노회원들이 역할을 못하고 있을 때 영웅적인 여성가운데 이 여성은 아마도 신앙을 지키기 위하여 싸우는데 중요한 역할을 감당하였을 것이다.

일본 제국의 요구에 맞선 한국 기독교인들을 전반적으로 조명하고 강조하는 것은 꼭 필요하다. 첫 번째로 감히 이런 항거를 할 수 있었던 것은 한국인들뿐이라는 것이다. 필자가 알고 있는 한 한국인 누구도 민족주의자로 일본제국의 권력 앞에 공개적이고 직접적으로 복종의 요구를 거절하지 못하였다. 애국심만으로 그 수준의 힘과 용기를 갖기에는 충분치 못하다. 그러나 놀라운 사실은 기독교인들이 무법하고 신 없는 일본의 독재에 맞섰다는 것이다. 그들도 깊은 애국심의 소유자들이었던 동시에 이상하게도 박해자 개인 개인들을 동정하였고, 그들의 나라를 점령한 외국의 권력에도 연민의 감정을 보였다. 하나님을 믿는 그들의 신앙은 국가적인 상황을 하나님의 섭리의 한 부분으로 보았고, 이것은 마치 이집트와 바빌론에서의 포로생활 속에서도 하나님의 선한이 곧 성취될 것으로 믿는 것과 같았다.

기독교인이기 때문에 본능적인 것을 넘어서 핍박하는 일본을 위하여도 기도할 수 있다.

이 사람들은 큰 환란을 겪어 낸 사람들입니다. 그들은 어린 양이 흘리신 피에 자기들의 두루마기를 빨아서 희게 하였습니다. 그러므로 그들은 하나님의 보좌 앞에 있고, 하나님의 성전에서 밤낮 그분을 섬기고 있습니다(계 7:14-15).

교회는 많은 망치를 닳게 하는 모루이다
— 한국의 모루에서 나오는 불꽃

오 주님, 지금 경찰 구치소에서 고난당하는 우리의 형제들을 위하여 기도합니다. 감옥에서 그들을 구하여 주시거나, 혹은 감옥에 그대로 두시거나 당신의 영광을 위하여 하옵소서.

이것은 황 장로의 기도이다. 그도 경찰 구치소에서 몇 달간의 고난과 병고 속에 있다가 출소하였다.

그를 잡으려는 적들의 감시 속에서도 다니엘은 그가 전에 행하던 대로 기도하였다.

이것은 최덕지 선생이 다니엘서에서 인용한 것으로, 젊은 여성 모임에 말씀으로 준 내용이다. 그때 일본 경찰은 이 모임에 먼저 신사참배를 하라고 명령하였었고, 그 전에는 성경공부로 모이는 것을 금지한다고 하였다. 이 여성들은 그 명령을 분명하게 거부하였다. 그리고 경찰과의 충돌을 피하기 위하여 보통 모이는 성경학교 강당에서 성경공부를 하기보다 어차피 모여 있는 기숙사에서 성경공부를 하기로 제안하였다. 상황의 위중함을 잘 알면서도 "전에 행하던 대로 기도하자"는 지도를 받아들인 것이다.

그리고 결국 사건이 터졌다. 경찰들은 이 여성들을 경찰서로 압송하였고, 그곳에서 그들은 모욕과 위협과 폭력을 당하였다. 그리고 그들은 놀라운 용기로 참아내었다.

최덕지 선생은 특히 경찰의 전방위적인 위협과 박해로 모진 고난을 당하였다. 그녀는 몇 달간 감옥에 구류되었으며 거의 죽음에까지 이르렀다. 그녀는 불굴의 정신으로 굽히지 않았다. 경찰은 그녀에게 더 할 수 있는 것이 아무것도 없었고, 우리 선교사들이 강제 귀국당할 시에 그녀는 다시 자유를 얻게 되었는데 숙소와 행동은 물론 다른 동료들과의 예배의 자유도 얻게 된다. 경찰들은 실제로 자유로운 영의 자유를 통제하려는 노력은 희망이 없고 실행 가능치 않다고 본 것이다.

만약 당신이 나를 죽이려 한다면 최소한 나에게 왜 내가 기독교인으로 신사에 절하라는 당신의 요구를 순응할 수 없는지 설명할 시간을 달라.

최 선생이 체포되던 같은 날에 그레이스 강이 한 말이다. 그녀는 경찰서에서 경찰의 구둣발로 차여 반 무의식상태에 빠졌었다.

그가 지금 경찰 구치소에 있다는 사실에 나는 감사합니다. 타협의 유혹과 가능성에서 멀어졌기 때문입니다.

주기철 목사의 아내가 한 말이고, 주 목사는 죽음으로 그의 신앙을 지켰다.

만약 전에 그런 상황을 겪어 보았고, 마음에 결정을 하였다면 그렇게 어렵지 않습니다.

일본 경찰의 고문과 악행을 어떻게 견디었느냐는 질문에 임시 유예기간 중이던 주남고 목사가 한 대답이다. 주 목사는 현재 노회장이며, 순교한 전 노회장의 후임이다.

감사합니다. 나는 내가 금식을 할 때 교회를 위하여 더 잘 기도할 수 있습니다.

경찰 감옥에서 오랜 기간 음식 부족과 결핍으로 시달린 최덕지 선생에게 외부 음식이 허락되자 그녀가 한 말이다.

그가 나를 처음 폭행하였을 때 나의 모든 두려움은 사라졌다.

억센 형사의 매운 손을 특별히 두려워하였던 겁 많은 한 젊은 여성의 증언이다.
나의 아내와 가난한 아이들을 떠나는 것은 마치 뼈에서 살을 떼어내는 것 같다는 존 번연의 말이 한국의 목회자들, 갇힌 자들, 가족을 먹여 살릴 수단을 빼앗긴 자들, 결핍으로 인하여 병에 걸린 자들의 외침이기도 하다. 어린이들도 용의자로 몰려 교육의 권리와 기회를 빼앗기기도 하였다. 이것 또한 다른 사람은 할 수 없는 순교자들만이 견디어 내는 당면한 현실이었다.

그들은 하나님의 종 모세의 노래와 어린 양의 노래를 부르고 있었습니다. 주 하나님, 전능하신 분, 주님께서 하시는 일은 크고도 놀랍습니다. 만민의 왕이신 주님, 주님의 길은 의롭고도 참되십니다 (계 14:3).

씨 뿌림과 추수

씨 뿌림

부산 항구를 내려다보는 한 언덕에 작은 호주인 무덤이 있다. 1889년 한국에 도착하였던 호주 첫 선교사 헨리 데이비스의 무덤이다. 그는 한국에서 1년도 못되어 사망하였다. 그의 무덤 옆에는 다른 이들의 무덤도 있는데 한국에 선교사로 온 후임자들이다.

추수

〈이 내용은 1946년 한국의 유엔 구호 및 재활 관리국(UNRRA) 에서 일하였던 콘스탄스 던컨 양의 편지 발췌문이다.〉

… 내가 부산에서 한국 기독교인들을 만난 가장 특별한 이야기를 말씀드립니다. 여러분 중에는 호주장로교 선교부가 한국의 남쪽지방에서 일을 하였던 것을 알고 있을 것입니다. 해방 후 그들은 아직 한국으로 돌아오지 못하고 있지만 내가 호주 멜본을 떠날 때 '한국교회에 드리는 서신'을 나에게 주었습니다. 그들은 나에게 부탁하기를 이 공식 편지와 개인 편지들을 전달하여 달라고 하였습니다. 나는 부산에 도착하자마자 기독교 지도자인 부산시 시장(당시 부산시장은 양성봉이었다 _역자 주)을 방문하였습니다. 그는 그 다음

날 토요일 저녁 40~50명의 사람을 모았고, 그들에게 나는 1942년 강제 출국 당한 그들이 사랑하는 호주 선교사들의 안부와 소식을 전할 수 있었습니다. 참으로 감동적인 경험이었습니다. 그들은 말하기를 교인들이 나를 만나기 원한다고 하였고, 그 다음 날 오후에 만나기로 약속을 하였습니다. 그 짧은 알림에도 약 500명이 운집하였습니다.

이 모임은 어느 큰 교회에서 열렸는데, 많은 사람들이 서 있어야 했습니다. 이 모임은 예배형식으로 그 교회 담임 목사님이 인도 하였는데, 몇 주 전 나는 나의 옷들을 도난당하여 느슨한 카키색 바지와 가디건 그리고 베레모를 쓰고 강단 의자에 앉아 교인들의 얼굴을 대면하였습니다.

부산 시장이 호주 선교사들의 편지를 낭독하였고 그리고 나에게 연설을 부탁하였습니다. 나는 예배 전에 어떤 말을 하는 것이 좋을지 물어 보았습니다. 그들은 호주 선교사들의 근황을 아는 대로 이야기해 줄 것을 요청하였고, 그들이 언제 돌아올지도 물었습니다. 그리고 전쟁 중에 호주의 교회들은 어떠했는지 궁금하다고 하고, 유엔 구호 및 재활 관리국도 소개해 달라고 하였습니다.

윤인구 씨(1946년 국립부산대학 설립. 1953년 부산대학교 초대 총장. 1961년 연세대학교 3대 총장 역임 _역자 주)가 통역하였고, 그는 그 역할을 훌륭히 하였습니다. 그는 그 지역의 교육을 담당하고 있었습니다. 나는 통역과 함께 한 시간 정도 강연을 하였는데, 얼마나 조용한지 바늘 떨어지는 소리도 들릴 정도였습니다. 나에게는 가장 감동적인 경험이었고, 한국 사람들에게 지극히 사랑을 받는 호주 선교사들의 연락관으로 큰 특권적인 순간이었습니다. 순서에는 특별한 음악 연주도 있었고, 한국 난민들을 위한 헌금 시간도 있었는데 더 이상 즐거울 수가 없었습니다.

예배 후에 열 대명의 여성이 다가와 나와 악수를 하였는데, 그들은 그들이 알고 있는 개개 선교사들의 이름을 대며 하나같이 눈에 눈물이 맺혀있었습니다.

4장

나는 믿는다

My Beliefs

Charles McLaren

The Korean Mission Field
한국기독교사연구회
1932. 4.
75-77.

최근에 취리히의 칼 융은 매우 흥미롭고 중요한 내용을 발표하였다. 현재 세계의 불황은 많은 정신적이고 심령적인 환자를 생산하는 근원이고, 융은 이러한 불황은 신앙을 잃게 한다는 것이다. 매번의 위기는 개인의 자신감을 흔들어 놓는다는 것이 그의 의견인데, 그 자신감은 매일의 개인적인 인간관계와 행위 전체 구조의 기초라고 한다. 그는 말하기를 이 믿음 혹은 자신감은 한 사람의 하루하루의 인간관계의 목적이 불행이나 불신으로 상처를 입을 때 필수적으로 고통을 받는다는 것이다. 그러므로 우리 시대와 같은 시기에 신경쇠약은 더 증가하게 된다.

　융은 믿음이 회복되는 하나의 방법으로 분석심리학을 제시하고 있다. 전통적인 프로이드 학파의 분석가들은 잠재의식적인 리비도 혹은 성행위를 특별히 강조하는 정신분석적인 방법에 의존하고 있다. 나의 생각으로는 융이나 프로이드의 의견이 일부 도움이 되기는 하지만, 그것이 무너진 개인의 믿음을 역동적으로 충분히 일으켜 세우는 것으로 설명하기에는 부족하다.

브라운 박사가 영국과학발전협회에서 잘 언급하였듯이 프로이드의 정신 분석학은 '자가 진단'으로 명명되는 것이 더 나을 수 있다. 매우 중요한 것은 다른 부산물들을 제거하고 나면 개개인은 자신의 조건과 본성의 현실들의 견고한 기초 위에 세워질 수 있다는 것이다. 당시의 세대에게 말하였던 소크라테스의 "너 자신을 알라."라는 기본적인 말이 이것과 관계되어 깊은 중요성을 갖고 있지 않은가?

우리가 듣기로는 신앙고백은 유행이 지났다고 한다. 나는 그렇게 생각하지 않는 것이 믿음은 유행을 지날 수도 없고, 그러게 될 수도 없다는 것이다. 문자적으로 우리는 믿음에 의하여 살아가고, 정신적인 생명의 조건은 믿음이기 때문이다. 내가 아는 한 아무것도 믿지 않는 사람들은 마음이 부재한 개인들이다. 다른 모든 사람들은 신앙의 제도가 정말 불충분하여도 무엇인가 믿고 있다. 한번은 한 환자에게 내가 질문한 기억이 있다. "무엇을 믿습니까?" 그는 "나는 기독교학교에 다닙니다"라고 대답하였다. 신경쇠약이 있던 그에게 그런 신앙은 충분히 강하지도 못하고 세상을 극복할 수 없다고 나는 대답하였다. 또 다른 환자에게 무엇을 믿는지 물었더니 자기 자신을 믿는다고 하였다. 그에게 나는 그것은 잘못된 것이라고 하였고, 그가 내면적이고 비참하게 믿는 정부의 권력이 그가 러시아에 가 공산주의를 공부하려는 열정을 당시 막고 있다는 사실을 지적하였다.

만약 누가 나에게 얼어붙은 강을 건너라고 요청을 하였다고 하

자. 내가 기쁘고 성공적으로 건널 수 있는 것은 그 강의 얼음이 충분히 나를 지탱하여 준다는 믿음이 있을 때 가능하다. 그것은 나의 주관적인 믿음과 객관적인 현실이 조화를 이룰 때이다. 만약 나의 믿음이 얼마나 강하고 긍정적이라도 잘못된 것이라면 나는 고통을 당하게 될 것이다. 마찬가지로 얼음은 깊이 얼었는데, 그 얼음이 나를 지탱하여 줄 것이라는 확신이 없으면 마비된 불안감으로 강가에 서 있기만 할 것이다.

경제공황으로 타격을 입고, 계층 간의 증오로 독이 퍼지고, 국제적인 의심으로 배신당하고, 전쟁으로 피폐해지고, 우리 문명의 파괴를 위협받는 세상에서 의사와 의료계 정신건강 전문가들은 그들의 환자를 일으켜 세우는데 어떤 믿음을 구하여야 할까? 나는 나 자신의 신앙고백을 정의하여 보았다. 아래의 글이 그 주요한 내용을 포함하고 있다.

나는 과학을 믿는다

현재 세기가 성취한 과학을 믿지 않는 사람이라면 확실히 이방인일 것이다. 키플링은 진실된 사실을 적었고 아름다운 그의 시 '기적'에 쓰고 있다. 키플링이 쓴 후 지난 30년 동안 기적들이 배가 되고 자라고 있음을 우리는 보았다. 응용과학은 '많은 놀라운 일'을 해내었다. 사람들은 세상을 다니며 말하고 보아왔다. 자신의 지배력으로 사람들은 땅이나 바다에 세우는 것은 물론, 물 밑이나 공중에도 그들의 문명을 확장하고 있다. 빵과 물고기의 오병이어 기적은 수 없이 일어났다. 역병은 안정되었고, 병은 치료되었다. 몇십 년 전만해도 뇌와 정신병의 가장 파괴적이고 치명적인 마비성 치매(뇌매독으로 인한 정신병 _역자 주)는 지금 통제되고 있고, 성공적으로 치유되고 있다. 나병도 깨끗하게 되었고, 인간의 생명은 연장되었으며, 평균의 사망률은 한 세대 간에 반으로 줄어들었다.

이 응용과학의 산물인 이론적인 과학의 성취는 정말 눈부시다. 과학은 별들의 무게도 재었고, 그들의 운행도 말하고 예측할 수 있다. 성운과 원자분열도 분석할 수 있다. 우리 시대에 물질적 세상의 궁극적인 요소에 관해서도 놀라운 결론에 도달할 수 있다. 제임스 진스 경은 '신비한 우주'의 그 구조 속에 내재된 수학적인 마음을 쓰고 있고, 다른 수학 물리학자는 "나에게 물체는 형체를 갖는 생각이며, 시간은 순리적인 과정을 구체화한 것이다"라고 말하고 있다.

과학은 육체의 생명 기능의 습성과 방법을 드러내며, 잠재의식의 마음의 비밀을 규명하였다. 그것은 지질학적인 시대의 한 부분을 보게 하며, 비록 그 수수께끼를 다 알지 못하나 창조적인 영의 역사하시는 신비로운 방법의 부분들을 설명하고, 시대를 통하여 새로운 종을 나게 하고, 인간이 한때 왕관이고 섭정이었던 생물학적 창조와의 신비로운 관계를 알게 한다.

나는 철학을 믿는다

철학은 내가 훈련받은 전공분야가 아니다. 그러나 어마추어적인 관심은 항상 있어 왔다. 내 사고 생활의 매우 초기의 기억은 아버지와 형과 함께 이상주의라는 주제로 토론을 하였던 기억이다. 나의 어린 생각에 비록 가능성은 적다고 생각하였지만 바깥 세상은 내면의 투영이라는 것이었다.

나는 칸트의 '도덕적 명령'과 그의 실제적인 이성의 가설인 '하나님, 자유, 부도덕'에 갚을 수 없는 큰 빚을 지었다.

내 인생에 한 가지 잊어버릴 수 없는 것은, 내가 한국의 한 조그마한 마을에 있을 때 베르그송의 철학을 설명하는 책을 읽고 있었는데, 법이 통치한다는 사실과 자유 의지와 비결정론적인 사실 사이의 역설이 나에게 해결이 되었다.

현자들의 사고의 역사는 나에게는 한 사실을 우아하게 증명하는 것을 담고 있는바, 그 사실은 그분이 인간을 창조하였고, 인간들은 하나님을 찾으며, 만약 그들이 그를 찾거나 좇는 일이 성가시게 느껴진다면 지혜를 구하는데 굶주리게 만들어졌다. 지혜의 열매에 의하여 최소한 그 욕구는 부분적으로 충족이 되는바 그것은 진리를 구하는 철학의 오랜 탐구로 얻은 것이다.

나는 로맨스와 로맨틱 상상력을 믿는다

어린 아이로 나는 동화에 매혹되었지만 물론 그 이야기들은 불행하게도 사실이 아니었다. 그러나 내가 성장하면서 로맨스는 사실이 되었으며 그리고 동화는 더 흥미로워졌는데 그 이야기들이 사실이기 때문이다. 파전 양의 글은 나를 설득했다.

한번은 한 젊은이가 워위크 숲속을 걸어 들어갔다
그리고 요정 왕비를 보았다,

천 명의 젊은이들 중에 한 젊은이도
혹은 천년동안에
그 청년의 눈 같은 눈이 없었고,
혹은 그와 같은 귀가 없었다.

그러나 그의 필로멜의 노래로
그리고 달빛의 언어들로,
당신은 알 것이다 한때 워위크 숲속에
요정 여왕이 있었다는 것을.

나는 인간의 본성을 믿는다

나는 인간과 인간의 성취를 경외하고, 그것이 하나님이라 불리어지고 예배되는 인문주의를 믿지 않는다. 월터 립만은 그의 윤리적인 이상에 관하여 그의 말을 잘 선택하였다고 나는 생각지 않는데, 그는 '고등 종교'라는 단어를 사용하였다. 그는 우리의 노력하는 훌륭함과 도덕적인 정신과 성실 그리고 금욕주의와 정제된 훈련으로 우리를 도전하고 있다. 이러한 이상들은 매우 훌륭하게 우리 앞에 있으며, 나는 그것에 감사한다. 이러한 인문주의가 더욱 많은 제자들을 갖기 바란다.

나는 인간의 본성을 믿는바, 그것은 여전히 거룩한 형상의 흔적을 가지고 있다는 것이다. 그들이 깨닫는 것을 보았던 나의 특권적인 시간이 있었는데 그들은 말하였다.

"나는 일어서서 진리와 기쁨과 아름다움의 장소로 간다. 이곳은 인간들이 본능적으로 그들의 본향임을 아는 곳이다."

나는 내재된 빛을 믿는다

소크라테스는 그를 부른 그의 악마의 의무의 장소에서 죽는 것에 만족하였다. 잔 다르크는 그녀에게 온 메신저 천사의 목소리에 순종하여 그녀가 사랑하는 프랑스에 자유를 가져다주었다. 유교에는 다음과 같은 말이 있다.

"내가 아침에 진리를 깨닫는다면 저녁에 죽어도 여한이 없다."

루터는 진리의 말에 동의하는 내재된 증언에 대하여 말하고 있다.

나는 교회를 믿는다

오랜 역사를 가지고 권위 있게 살아있는 교회의 목소리도 믿는다. 우리는 "분열로 조각이 나고, 이단들로 괴로워하는" 교회를 본다. 또한 한없이 약하고 타협하는 교회도 본다. 그러나 나는 역사를 읽고 오늘날 세상을 보면, 더욱 더 교회를 믿게 된다. 우리는 사람들의 친선과 다른 종교들, 혹은 무종교 등이 정의와 보다 나은 사회질서를 위하여 노력하는 것을 본다. 그러나 그 이유가 측량할 수 없이 어렵고 인기도 없고, 그 문제들이 더 작은 문제를 결정하는 궁극적이고 본질적인 영적인 것이라면, 우리는 지금과 영원히 순교자들과 진리의 증언인 모든 신자들의 신비한 몸인 교회를 보아야 한다. 누가 감히 하나님으로 선언하는 로마 황제에 그 위험성을 보고 증언할 수 있는가?

예언적인 목회와 증명된 진리에 대한 희생적인 증언을 하는 기독교 교회를 나는 믿는 이유로, 군주적인 오랜 방법으로부터 봉사와 헌신의 새로운 국가정책으로 전환하는 이 운명의 시간에 나는 귀를 기울인다. 그러므로 모든 평화의 단체들 중에 가장 위대한 교회는 전쟁이 있는 세상에 평화를 이루어야 한다.

나는 성경을 믿는다

성경은 나를 압도한다. 나의 영혼의 생명을 지지하고 키워왔다. 내가 이 책을 읽노라면 말씀의 힘과 권위의 놀라움이 점점 증가한다. 헉슬리는 "악의 영에 사로잡혔다는 미신들" 이야기는 신약이 영적인 문제의 안내자로서 진정 설자리가 없는 의심할 여지가 없는 증거라고 하였다.

나는 활동적인 정신의학자로 같은 성경의 이야기에서 확실한 실마리를 찾았는데, 이것은 내가 정신병을 치료하는데 이해와 어느 정도의 성공을 가져오게 하였다. 성경의 증언 자체는 하나님의 영감으로 쓰인 것으로 내가 배울 수 있게 하기 위함이다.

나는 예수 그리스도를 믿는다

겸손한 존경 속에 나는 이 고백을 쓴다. 그의 앞에 나는 경배한다. 그의 사랑은 나를 제약한다. 그는 나를 사랑하고, 그 자신을 나를 위하여 대속한다.

우리 주님 예수 그리스도의 십자가로 나는 구원 받는 영광을 갖는다. 그는 자신의 은혜를 나에게 베푸셨다. 그는 나에게 숨을 불어넣었으며, 그 숨은 성령이고 생명이다. 말씀이 육신이 되신 예수 그리스도를 나는 믿으며, 그는 하나님의 독생자이며 은혜와 진리가 충만하다.

나는 하나님을 믿는다

하나님은 매 시간 다양한 방법으로 말씀하신다. 하나님은 인간의 역사 속에 들어오셨다. 하나님은 우리 주님 예수 그리스도의 성부이시다. 그리스도를 통하여 우리에게 보이신 하나님을 우리가 알지만, 동시에 아무도 하나님을 보지 못하고 볼 수도 없다. 하나님은 모든 나타나심과 말씀과 자신의 약속보다 더 위대하시고, 스스로 존재하는 하나님, 창조의 영, 사랑이시다.

요한복음이 문자 그대로 말하는 대로 나는 믿는다.

"하나님은 영이시다."

5장

한국 어느 병원에서의
토요일 오전 일과

A Saturday Morning in a Hospital in Korea

Charles McLaren

The Korean Mission Field
한국기독교사연구회
28(3): 45-49, 1932

번역: 여인석
(연세의대 의사학과 교수, 의학사연구소 소장)

동양에는 거의 일천 개의 병원과 스무 개의 의과대학이 세워졌다. 이들은 서양의 기독교적 이상주의가 아시아에 살고 있는 절반이 넘는 인류에게 제공하고자 하는 봉사의 한 부분이다. 지난 12년 동안 이 병원들 중의 한 곳에서 그리고 7년 동안은 이들 의과대학 중 한 곳의 교수로 일할 수 있는 특권을 나는 누리고 있다.

이 글은 독자들에게 이러한 기관들이 어떤 종류의 일을 하고 있는가를 알려주고자 씌어졌다. 물론 그것은 아주 제한된 범위 내의 소개이다. 한 사람이 한 과, 서울에 있는 세브란스 병원과 의과대학의 신경정신과에서 하루 동안 한 일을 소개하는 것에 불과하기 때문이다.

이날 아침 병원에 도착하여 내가 처음 만난 사람은 병원의 재정담당자이다. 그는 캐나다인으로 이전에 캐나다 의회 의사록을 기록하던 사람이다. 그의 관심은 정치와 현대사이다. 나는 며칠 전 그에게 핸콕 교수가 쓴 훌륭한 책 '호주'를 빌려주었다. 그 책에 대해 우리는 잠시동안 대화를 나누었다. 그는 호주인들이 그토록 쾌활하고도 무모하게 경제학의 모든 법칙을 무시하는 것에 대해 놀랐다고 말했다.

다음으로 나는 내 방으로 돌아와 우편물을 훑어본다. 가장 관심을 끄는 편지는 북경협화의학대학교의 신경과 과장이 보낸 것이다. 그 편지에는 내가 졸업 후 연구를 위해 보낸 나의 조수 닥터 리(이중철 _역자 주)가 기회를 최대한 잘 활용하고 있으며 예정된 공부를 거의 다 마치고 곧 서울로 돌아갈 것이라고 씌어있다. 닥터 리는 훌륭한 성품과 뛰어난 능력을 가진 젊은이다. 그는 우리 졸업생으로 북경에서의 시간과 나와 함께 연구하고 임상을 한 것 이외에도 이 지역에 일본이 세운 의과대학에서 졸업 후 연구를 했으며 의학박사 논문을 준비할 생각을 하고 있다. 당연히 그는 나의 뒤를 이어 세브란스 정신과를 맡을 사람이다. 여러 가지 이유들로 인해 이 나라에서 기독교 의학교육의 과업을 수행할 두 번째 세대의 서양인 교사는 없을 것이라는 사실이 점차 명백해진다. 따라서 만약 우리의 사업이 단순히 소멸해버릴 것이 아니라면 우리의 자리를 맡을 한국인들을 준비시키는 일이 필요하다.

다시 오전의 일과로 돌아가 보자. 이제는 회진을 돌 시간이다. 그래서 나는 다시 병원으로 돌아간다. 올해 졸업식을 마친 후 새로운 그룹의 인턴이 들어왔다. 정신과에 온 인턴은 성 금요일 밤 음악회에서 테너를 맡은 친구이다. 그의 목소리는 아름답고 잘 다듬어져 있다. 그는 또한 자신에게 온 기회를 최대한 활용하고자 한다.

첫 번째 증례는 드문 유형의 반신마비 환자이다. 나는 그에게 반신마비에 대한 임상강의를 해주었고 우리는 세균검사실에서 보내준 혈액 화학보고서에 따라 우리의 진단을 확인할 수 있다.

다음 증례는 또 다른 종류의 마비 환자이다. 우리는 임상적인 진단을 하고 다시 보조적인 검사소견의 도움을 받는데 이번은 엑스선과에서 보내준 사진의 형태로 도움을 받았다. 환자는 우리 병원 간호사 중 한 사람으로 지금은 간호사 병실에 있다. 그것은 급성 각기병으로 판명되었고 환자는 적절한 비타민을 다량 복용하며 잘 지내고 있다. 따라서 우리는 이 증례에 잡혀있을 필요가 없다. 다음으로 나는 결핵으로 고생하고 있는 우리 졸업생 중 한 사람에 대한 자문진료 요청을 받았다. 결핵은 우리 젊은이들 사이에 만연하는 끔찍한 전염병이다. 한 병동에는 얼마 되지 않는 우리의 졸업생들이 세 명이나 입원해있다. 그들은 질병에 의해 무력해졌다. 다음으로는 뇌막염 환자의 증례가 있다. 나는 의욕에 넘치는 인턴을 도와 척수액을 받을 수 있도록 해준다. 그것은 한 명 이상의 한국인이 필요에 따라 이 일을 수행할 수 있도록 준비와 훈련을 시키는 것이다. 다음으로 나는 임상병리과에 가서 일을 본다. 거기서 나는 내 환자의 한 사람에서 나온 드문 종류의 기생충 알에 대한 현미경적 검사를 하고자 한다. 나는 한동안 성과 없이 찾다가 이런 종류의 일을 하는 한국인 소년 기사가 도움을 주었다.

이제는 외래진료를 시작할 시간이다. 나는 '외국인' 아이에게 기침약 처방을 다시 내어주었다. (우리 서양인들은 물론 '외국인'이고, 우리 자신들에 대해서도 그렇게 부른다.)

첫 번째 한국인 환자는 드문 경우였다. 이상한 종류의 히스테리를 보이는 어린 소녀였는데 지금까지 한국에서는 보지 못한 경우로 기술적인 용어로 St. Vitus, 무도병이라고 부르는 것이다. 그 소녀는 관찰과 치료를 위해 내원했다. 나는 잠시동안 외래를 비운다. 우리 대학의 한국인 학장으로부터 다음 주에 시작되는 새 학기의 강의 계획표를 알기 위해서이다. 그는 내가 정신질환에 대해 일주일에 두 시간, 신경해부학에 대해서도 같은 시간을 그리고 신경질환 진단에 대해 일주일에 한 시간을 강의해야 한다고 말한다. 학장실에서 오는 길에 부학장을 보았다. 그와는 며칠 전 한센병 환자에게 주사를 줄 수 있는 외래개설 가능성에 대해 의견을 나누었다. 한센병 환자들은 항상 불쌍한 상태에서 우리에게 와 치료를 부탁한다. 닥터 오는 우리의 계획을 제출해 당국의 허락을 받겠다고 했으므로 나는 그가 성공을 했는지 알고 싶었다. 그러나 환자들이 기다리고 있어 다음에 물어보기로 했다. 내 책상 위에는 우리가 세우고자 하는 작은 병동의 설계도가 놓여있다. 거기서 우리는 폭력적인 몇몇 정신병자들을 치료할 수 있을 것이다. 정신병자들은 대부분 일반 병동에서 치료하고 있다.

그러는 사이 내 학생 조수는 나를 기다리고 있는 환자들의 병력 청취를 끝내었다. 어제 나는 신경쇠약증 환자의 이해와 치료에 뚜렷한 진전을 이루었다. 그러나 여기서 이것을 설명하려면 곁길로 새어야 한다. 최근에 "조선에서 발간되는 유일한 영어 신문"이라고 일본인들이 자랑하는 신문에 결혼에 대한 교황 회칙의 전문이 연속적으로 실렸다. 나는 큰 흥미를 갖고 이 글을 읽었으며 많은 도움을 받았다. 무엇보다도 내 관심을 끈 것은 마지막에 실린 교황의 축도였다. 거기에는 다음과 같은 말이 들어 있다. "약한 자에게 힘을 주시며 겁 많고 나약한 이들에게 용기를 주시는 아버지." 약함과 나약함, 겁 많음에 대해 솔직히 말하는 것은 신경쇠약 환자의 깊고도 쓰라린 비극에 대해 말하는 것이다. 교황의 축도는 믿기 어려운 대상에 대한 믿음을 보여주고 있다. 자신과 타인의 영혼에서 이러한 약함과 비겁함의 해악과 씨름한 사람들에 대한 믿음이다. 그것은 사실인가? 신은 이와 같은 이들에게 힘과 용기를 줄 수 있는가? 이러한 물음을 갖고 나는 다음번 환자 증례에 접근한다.

그는 전형적인 신경쇠약증 환자로 공부를 포기해야 했던 젊은이였다. 그는 다른 직업에서 요구되는 책임을 받아들일 수 없었다. 그는 흔한 불만사항들을 갖고 있었으며 우울해 보이고 생기가 없었다. 두통이 있고 스스로 생각할 수도, 잘 수도, 결정할 수도 없었다. 나는 객관적인 육체의 질환을 알려주는 증상들을 찾아보았지만 아무것도 찾을 수 없었다. 그는 마음에 문제나 상처를 갖고 있는가? 그렇다. 그에게는 많은 마음의 상처가 있다. 그의 어머니는 아프다. (그의 설명에 따르면 신경증인 듯하다.) 아버지가 일찍 죽어 그에게 지워진 짐이 그를 압도하였다. 물질적인 상황은 어떠한가? "너무도 어려워서 자신이 어떻게 해야 좋을지 모르겠다"고 그는 말했다. 자신의 문제에 대해서는 어떻게 생각했을까? 그의 몸은 항상 너무도 약하고 그의 신경과 뇌가 잘못되어 무기력해졌다고 말했다.

나는 그의 몸을 검사해보았다. 체력이 좋은 편은 아니었으나 기질적 질병의 증거는 없었다. 빈혈이 약간 있었고, 현미경 검사상 구충이 있었다. 이러한 경우에는 어떤 치료가 적합할까? 내가 교황의 회칙에서 읽고 생각한 것들이 외과의사의 수술 칼처럼 날카로운 칼날을 내게 제공해주었다. 나는 그 젊은이에게 셰익스피어가 한 말 자체가 아니라 그 의미로 말했다. "부루투스, 우리가 타고난 별이 아니라 우리들 자신 안에 있네." 그의 몸이 특별히 아픈 것이 아니었다. 그는 자신의 몸을 탓해서는 안 되었다. 그의 뇌나 뇌세포에 이상이 있는 것도 아니었다. 따라서 그는 그것을 이유로 내세울 수도 없었다. 물론 그의 상황이 어려운 것은 사실이다. 그러나 그런 정도의 어려움이 없는 사람이 어디 있는가? "세상에는 두 종류의 사람이 있다. 한 부류의 사람에게는 역경이 그들을 강하게 만드는 자극이 되고, 다른 부류의 사람에게는 나약함과 억제, 절망을 촉진시키는 확실한 계기가 된다. 이것은 평생의 습관이 되며 러시아의 심리학자 파블로프가 말한 진정한 의미의 '조건반사'가 된다. 아니 그 이상이기도 하다. 어떤 이들에게는 그것[나약함]이 마음에 내재한 타고난 태도이자 성격의 틀이 된다.

나의 환자는 내가 말한 것에 대해 잠시동안 방어하다가 나중에는 솔직하게 받아들인다. 그는 이러하고 또 항상 그러해왔으므로 자포자기의 심정으로 자신은 항상 그러한 상태로 머물러있어야 한다고 믿는다. 그는 정말 그러해야 하는가? 이것은 중요한 물음이며 누구도 여기에 대해 쉽게 대답할 수 없다. 그리고 중요한 이슈들이 그 해답에 연결되어 있다.

생리학자의 실험으로부터 우리에게 알려지는 것 이외에 다른 실험실에서 확립되는 다른 진실들이 있다. 그것은 인생의 진실이며 경험의 진실이다. 거기에는 "내가 약할 때 나는 강해진다."라고 쓴 사람의 증언에 대해 의문을 제기할 적당한 이유가 없다.

어떤 연금술에 의해 이러한 일들이 일어나는가? 이러한 연금술을 지금의 경우에 어떻게 적용시킬 수 있을까? 이보다 약한 치료로는 내 앞에 있는 환자를 치료하기에 충분치 않다는 사실은 명백하다. 나는 환자에게 그의 경우가 가지는 본질적인 어려움을 털어놓고 그가 치유될 수 있다는 내 확신에 대한 심리적이고 정신적인 이유를 그가 이해할 수 있는 범위 내에서 설명한다.

나는 그 젊은이에게 약했던 사람들이 강하게 되었다고 주장하게 되는 현상과, 그 현상과 관련된 상황을 탐구해보라고 조언한다. 나는 그에게 변화는 틀림없이 예수에 대한 믿음과 순종과 연결되어 있다고 말한다. 그는 관심을 보이고 자신에 대해 더욱 탐구를 하며 자기 집 근처 마을에 있는 교회가 나가겠다고 나에게 약속한다.

나의 다음 환자는 재진환자이다. 그는 직업이 목수인데 신비주의적인 성격을 지녔다. 나는 그를 일주일 전에 보았다. 나는 그에게서 사소한 육체적 결함을 발견했는데 그것은 교정되었다. 그리고 그에게는 심각한 심리적 문제가 있었는데 그 해결을 위해 나는 누그러뜨리는 방법을 적용해보았다. 그 남자는 불면증이었고 신경질적이었는데 아직 호전의 기미가 보이지 않고 있다. 우리가 현재까지 다룬 문제는 가정의 불행과 노모를 봉양하는 문제와 관련된 불안으로 이는 이제 그의 삶의 본질적인 문제로는 보이지 않는다. 오늘 그는 나를 전적으로 신뢰하여 그의 영혼 깊숙이 있는 다른 문제들을 내게 털어 놓았다. 그는 천주교 신자인데 교회의 최고권위의 타당성에 대한 의문이 솟아올랐다. 물론 훌륭한 사제들이 있다. 그러나 그는 일부 사제들이 보이는 행동과 그 동기가 보통 사람들의 세상적인 삶의 질서와는 다른 종류를 대표한다는 주장과 어그러지는 것을 보고 고통을 받았다. 나는 그가 제기한 문제의 중대성을 인정했지만 그것이 새로운 문제는 아니라는 점을 지적했다. 베드로 자신도 비열하게 행동한 적이 있지 않으며, 예수가 사랑한 제자들과 형제도 한 번 이상 실망스런 모습을 보이지 않았던가? 그럼에도 불구하고 교회는 바위[베드로] 위에 세워졌으며 지옥의 권세가 그를 이기지 못했다.

이어서 그는 자신에게 닥친 가장 시급한 곤란함에 대해 말했다. 그는 자신이 어린 시절부터 항상 종교적인 성격이 아주 강했다는 말로 자신이 하고자 하는 말의 서두로 삼았다. 어린아이일 때 그는 절대적인 신앙을 가졌고 젊은 시절에는 사제가 될 생각을 진지하게 했다. 이제 그의 영혼은 다음과 같은 극단적인 문제로 고민하고 있다. 도대체 신이 존재한다는 확실한 증거가 무엇인가? 욥과 같이 그의 쓰라린 외침이 솟아올랐다. "나는 당신을 어디에서 발견할 수 있는지를 알도다." 다시 나는 그를 동정한다. 나 역시 이러한 당혹감을 경험했기 때문이다. 교회의 안과 밖에서, 선교단체의 안과 밖에서 이러한 의혹을 알고 있는 이들이 많이 있으며 그것은 인간 본성의 오래된 결함이다. 나는 내 환자에게 주님이 왔을 때 가장 처음 한 일이 "회개하라"고 말한 것이며, 우리가 회개해야 할 첫 번째 일은 살인이나 도적질이 아니라 우리가 신에 대한 믿음을 갖지 못하는 것이라는 점을 상기시켰다. 나는 그에게 신에 대한 증거를 얻는 한 가지 확실한 방법이 있다고 말했다. 나는 위를 쳐다보고 신성한 계시의 실재를 의심한 당시 사람들에게 주님이 주신 놀라운 대답을 그에게 가르쳐 주었다. "누구나 아버지의 뜻을 행하고자 하는 자는 그것이 아버지의 말인지 자신의 말인지를 알 것이다." 과학에서와 마찬가지로 종교에서도 중요한 실험은 틀림없는 증거를 가져다준다. 그는 분명 커다란 관심을 가졌으며 내가 참고한 요한복음을 가져도 좋은가를 물었다. 그리고 그가 그에 대해 깊이 생각한 다음에 돌아와 그 문제에 대해 더 이야기를 나누겠다고 약속했다. "만약 이 문제에 대한 해답만 찾는다면 인생에서 무엇이 문제가 되겠습니까?"라고 그는 말했다.

그것으로 외래는 끝났다. 그러나 나는 떠나기 전에 해야 할 일이 한 가지 더 있다. 그것은 지난 6개월 동안 우리 과에서 일해 온 학생 조수와 작별을 하는 일이다. 나는 그 학생이 느낄 실망감을 생각하면 마음이 아프다. 그는 보통 이상의 장래성과 능력을 가진 학생이다. 이년 전 그는 심각한 정신적인 쇠약으로 몇달 간 정신병원에 입원해 있었다. 그는 뚜렷한 회복을 보였으며 일종의 보호관찰로 지난 반년 동안 우리 과에서 일하도록 했다. 만약 그 기간동안 그가 하는 일이나 행동이 만족스럽다면 학교 당국으로부터 재입학 허가를 얻어 그가 의학공부를 마칠 수 있도록 되기를 나는 희망했다. 이 문제는 새 학기가 시작되기 전, 최근에 열린 회의에서 다루어졌다. 학교 당국은 변화가 없었고 교수들은 그런 과거력을 지닌 학생이 졸업하는 것을 상상할 수가 없었다. 그것은 자연스런 관점이지만 정신병을 앓는 환자에 대한 우리의 태도에서는 할 수 없는 말이다. 그의 상태를 피할 수 없고 치유될 수 없는 것으로 받아들여 재발의 두려운 그림자 아래에 앉아있는 것은 우리가 말라리아를 앓는 환자에게 주는 종류의 도움은 아니다. 만약 말라리아의 뿌리를 찾아서 근절시키지 못하면 재발은 명백하다. 그렇다면 왜 정신질환에 대해서는 근본적으로 다른 태도를 취하는가? 치유의 희망을 부인하는 것은 우리 자신이 미신과 별로 구별되지 않는 숙명주의에서 벗어나지 못했다는 사실을 보여준다. 그 숙명주의는 과학적 의학과 기독교에 대한 믿음을 모두 부인하는 것이다. 이 양자는 모두 자연은 이해가능하며 통제가능하다고 가르치지 않는가?

나는 그 학생에게 용기를 북돋워주기 위해 최선을 다한다. 나는 내년에 학교 당국으로부터 다른 대답을 얻어낼 수 있도록 최선을 다하겠다는 것과 그동안 그를 위해 다른 일들을 찾아보겠다고 약속했다. 그 학생은 칭찬할만한 강인함으로 이 실망스런 결과를 받아들인다. 우리는 작별인사를 나눈다. 그는 시골에 있는 고향을 향해 떠나가고 나는 토요일 오후 반일의 휴일을 즐기러 간다.

6장

제시 맥라렌,
한국의 호주 여성

Jessie McLaren:
An Australian in Korea

Andrew Gosling

National Library of Australia News
Vol. 17(11), 11–14
(Canberra: Australia, 2007)

제시 맥라렌(1883~1968)은 주목할 만한 호주의 선교사이자, 선생이자, 번역가이자, 정원사이자 그리고 책 수집가이다. 그녀는 30년 동안 한국에서 살았는데, 그곳에서 그녀는 오래되고 희귀한 한국어책을 많이 모아 도서실처럼 발전시키었다. 그의 딸 레이첼 휴먼은 1984년 그 도서 중 136권의 책을 맥라렌-휴먼 컬렉션이란 이름으로 호주국립도서관에 기증하였다.

제시는 찰스와 애니 리브의 둘째 딸로 호바트에서 출생하였다. 찰스 프레드릭 리브(1859~1941)는 1892년 푸나와 인디안 마을 선교를 창립하였다. 그는 역동적인 인물로 호주, 뉴질랜드 그리고 영국에서 기금을 모으고 선교사를 모집하였다. 리브는 그의 생애 거의 대부분을 서인도에 거주하였다. 결혼 전의 성이 피라니인 애니 리브(1856~1941)는 1880년 찰스와 결혼하기 전에 유태교에서 기독교로 개종하였다. 그녀와 아이들은 인도에 오래 거주하지는 않았다. 1893년 그들의 딸 아기 앨리스가 사망하였고, 애니와 남은 아이들은 심각하게 건강이 나빠졌다. 그들은 호주로 1895년 다시 돌아왔다. 리브는 가족을 정기적으로 방문하였고, 후에 제시는 '아버지를 항상 환송한 것 같은' 기억을 가지고 있다고 하였다.

제시는 1899년부터 1901년까지 멜본의 장로교 레이디스 칼리지에 다녔다. 그녀는 마지막 학년에 영어와 역사 과목에서 일등의 영예를 얻었다. 그들은 학교를 마치고, 제시와 네 명의 자매들은 각각 인도에 있는 아버지와 오랜 기간을 지냈다. 제시는 1902년 그곳에 있었고, 1904년에는 아버지와 동행하며 모금도 하고, 모집을 위하여 영국을 방문하였다.

제시는 그 후에 멜본대학교에서 문학 석사 학위를 받았으며, 전공은 철학이었다. 그녀의 딸 레이첼의 말을 빌리면 다음과 같다. "엄마는 문학을 특히 시를 깊이 사랑하였고, 언어에 관심이 있었으며, 그리스어와 라틴어를 공부하기도 하였다." 졸업 후에 제시는 호주와 뉴질랜드의 학생기독운동 순회 총무가 되었다. 그녀는 인도 선교를 위하여 아버지와 합류하기로 했었지만, 찰스 잉글리스 맥라렌(1882~1957)을 만나면서 그 계획은 바뀌었다. 1910년 10월 31일 찰스 리브는 자신의 딸과 결혼하기를 간청하는 젊은 찰스 맥라렌에게 허락한다고 썼으며, 덧붙이기를 "제시는 나와 함께 인도의 사람들을 위하여 더 잘 준비되었다고 생각한다"고 하였다. 그는 계속하기를 "제시가 이미 나로부터 떨어져 있어 공부를 계속하고 후에 학생운동의 순회 총무가 되는 과정에서 그녀에게 고통을 주었다"고 하였다. 같은 편지에 그는 미래의 사위에 인도에 병원 설립을 제안하였지만, 이것은 실현되지 않았다.

찰스와 제시는 비슷한 선교사 배경을 가지고 있다. 찰스는 장로교 선교사이자 교사인 아버지 사무엘 길필란 맥라렌(1840~1914)의 아들로 일본에서 태어났다. 1886년 그의 가정은 멜본으로 이주하였고, 사무엘은 1889년부터 1911년까지 장로교 레이디스 칼리지에서 존경받는 교장으로 재직하였고, 이 기간 제시는 이 학교를 다녔었다. 찰스의 형 사무엘 브루스 맥라렌(1876~1916)은 훌륭한 수학자였고, 그는 제1차 세계대전 중 프랑스에서 전사하였다.

멜본대학에서 의학을 공부할 당시 찰스는, 제시와 같이, 학생기독운동의 중요한 부분을 감당하였다. 에스몬드 뉴가 쓴 찰스의 전기 '한국의 의사'는 다음과 같은 이야기를 담고 있다.

제시와 찰스가 약혼을 하였을 때 찰스의 아버지는 "너는 반지를 살 돈이 없지 않느냐"라고 말하였다. 찰스는 대답하였다. "만약 주님이 이 여인을 나에게 주셨다면, 반지도 주실 것을 확신합니다!"

그의 말대로 된 것 같은 것은 1911년 8월 22일 제시와 찰스가 멜본에서 결혼하였기 때문이다. 그리고 9월에 그들은 빅토리아장로교회의 선교사로 한국으로 항해하였다. 그들의 배경을 보면 그들의 사명감은 하나도 놀랍지 않다. "아마도 선교사 소명 이외에 이 가족에는 다른 소명이 없는 것 같았다"고 찰스는 적었다.

한국이 기독교를 금지하고 있었음에도 불구하고 그리고 최근의 천주교 박해에도 불구하고, 개신교 선교사들은 1884년부터 이 나라에 들어오기 시작하였다. 첫 번째로 입국한 미국 선교사 중에는 호레이스 알렌과 호레이스 그란트 언더우드가 있고, 캐나다인 제임스 스콧 게일도 있다. 언더우드와 게일은 둘 다 명성 있는 학자가 되었다(한국 역사와 언어에 관한 몇 가지 그들의 작업은 제시 맥라렌의 컬렉션에서 찾아볼 수 있다). 한국의 첫 호주 선교사 헨리 데이비스는 멜본의 코필드 그레머스쿨 설립 교장이었다. 그는 1889년 10월 한국에 도착하였지만 곧 병에 걸렸고, 6개월 만에 사망하였다. 그럼에도 그의 헌신은 다른 이들에게 영감을 주었으며, 한국 반도의 남동쪽 지역 특히 부산에서 호주장로교는 활발하게 활동하였다. 그로부터 20년 후 맥라렌이 한국에 도착하였을 때, 호주국립대학 케네스 웰스 교수에 의하면 호주인들은 외국인과 지역 신자들 사이에서 '한국에서의 기독교 성장과 독특한 동아시아에서의 사회정치적 영향을 형성하는데 도움을 주고 있었다.'

맥라렌 가족은 한국에 1911년부터 1941년까지 살았다. 이 전체 기간 동안 한국은 일본의 행정 치하에 있었고, 일본은 공식적으로 1910년 한국을 합방하였으며, 이 식민통치는 1945년 연합군에 의하여 일본이 패망할 때까지 지속되었다. 일본이 한국에 어느 정도 현대화를 가져왔다고 하여도 종속된 것으로 취급된 한국인들은 많은 고통을 받았다. 맥라렌 부부와 같은 선교사들은 지역 주민들의 복지를 개선하기 위하여 일하였다.

1911년부터 1923년까지 맥라렌은 한국 남쪽의 진주에 있는 배돈병원에서 일하였다. 한국에 막 도착하여 제시는 그들의 새집을 다음과 같이 기술하였다. "진주는 매우 아름다운 곳이다. 언덕에 둘러싸여 둥지처럼 되어있고, 넓은 강이 옆에 흐르며 그리고 그곳 서쪽에 작은 호수가 있다." 1917년 그의 형 브루스가 전쟁의 상처로 인하여 사망한 후에, 찰스는 프랑스의 중국인노동대대의 의무장교로 복무하였다. 그는 브루스의 무덤을 방문하였고, 제시의 오빠 프레드 리브의 무덤도 방문하였는데 프레드는 갈리폴리에서 싸웠고, 그 후 1917년 웨스턴 프론트 근처에서 비행기 추락으로 사망하였었다.

찰스와 제시의 딸 레이첼은 1923년 2월 출생하였다. 그녀가 후에 쓴 내용이 있다.

한국은 나의 집이다. 나는 그곳에서 태어났다. 나는 그곳에 18살 될 때까지 살았다. 나는 영어를 말하기 전에 한국말을 하였다. 부모님이 입양하고 교육한 한국인 자매 세 명도 있었다. 나는 어린 시절 그들이 내 친언니들이라고 굳건히 믿었었다.

(2007년 3월, 레이첼은 나에게 말하기를 그녀가 어린 시절 부모님과 배로 여행을 할 때, 배 위의 유럽과 중국 아이들과 한국어로 대화를 할 수 없어 당황했다고 한다.)

1923년 후반 찰스, 제시, 입양한 한국인 세 딸 그리고 어린 레이첼은 한국의 수도인 서울로 이사를 하였다. 찰스는 세브란스유니온 병원대학의 신경학과와 정신의학과 교수가 되었는데, 이 대학은 나중에 연세대학교의 의과대학이 된다.

1930년대 초 제시 부친의 건강이 악화되고, 1935년 제시와 그녀의 가족은 호주를 떠나 한국으로 돌아가는 길에 인도에 있던 그녀의 부친과 머무르기도 하였다. 1939년 찰스 맥라렌은 임시 과제로 진주로 내려갔고, 제시와 레이첼은 서울에 머물렀다. 태평양전쟁이 가까워 옴으로 두 여성은 1941년 호주로 떠나게 된다. 그들은 제시의 부모를 만나기에는 너무 늦게 호주에 도착하였는데, 제시의 부모는 그 해 초 둘 다 사망하였다. 12월에 일본의 진주만 공격이 있었고, 찰스는 일본에 의하여 한국에 감금되었으며, 그 후 일본으로 이송되었고, 마침내 중립국 포르투갈령 동아프리카를 통하여 귀국조치 되었다. 그럼으로 그의 가족은 호주에서 재회하였다.

맥라렌 가족은 아시아와 태평양의 호주의 강력한 학생기독운동 선교사 파트너로 알려졌다. 찰스는 제시에게 다음과 같이 적었다.

만약에 내가 내 아내에게 감사하지 않는다면 천 배나 억누르고 있는 것이다. 그녀는 내가 때로 신경이 쇠약하고 영적인 에너지가 고갈될 때 끊임없는 용기를 주며 다시 일어서는데 도움을 주었고, 이것 없이는 내 선교 봉사는 계속되지 못했을 것이다.

제시 맥라렌은 특별히 한국 여성들의 지위를 상승시키는데 관

찰스와 제시 맥라렌 부부

심을 가졌다. 1916년 찰스 맥라렌은 다음과 같이 썼다.

제시는 여러 방면에서 좋은 일을 하고 있었다. 유치원, 간호보조원
의 아이들을 위한 야간반, 성경 야간반 그리고 주일학교, 모든 것
이 잘 운영되고 있었다. 제시는 마치 자석 같아서 많은 어린이들을
불러들였고, 그들의 삶에 기쁨과 만족을 주었다.

그들이 서울로 이사를 한 후에 제시는 이화여전에서 강의를 하였는데, 지금은 아시아에서 가장 명망 있는 여자 대학교 중 하나가 되었다. 역사와 철학을 대학에서 전공한 제시는 그곳에서 역사와 성경을 가르쳤다. 그녀는 대학의 운영이사회 위원으로 봉사하였고, 새 캠퍼스의 설계를 책임 맡았는데 정원과 나무 그리고 잔디의 조경이었다. 그녀의 남편은 다음과 같이 언급하였다.

제시는 그 학교에서의 일로 매우 분주하였다. 캠퍼스의 자리를 디자인하고 정원을 조경하는 일이었다. 그녀는 매우 행복해하였고 여기에 대하여 열정적이었다.

제시 자신도 다음과 같이 쓰고 있다.

나를 바쁘게 하는 몇 가지 야외의 작업이 있다. 왕립아시아협회의 한국지부 도서관… 그러나 좀 더 격렬한 일은 이화학당의 조경 작업과 학교 이사회의 일… 당신은 나의 먼지 묻은 신발과 흙 묻은 손을 보고 웃을 것이다.

제시가 모은 도서, 특히 동아시아 식물에 관한 제목의 책들을 보면 그녀가 정원을 사랑했던 것을 알 수 있다. 진주에서 온 초기의 편지를 보면 제시는 미루나무와 버드나무 그리고 뽕나무를 어떻게 자르는지와 그녀의 딸기가 어떻게 잘 자라는지를 설명하고 있다.

맥라렌-휴먼 컬렉션의 제목들을 특별히 디자인한 장서표는 날개 모양의 은행나무 잎의 모습을 하고 있다. 레이첼의 말에 의하면 "은행나무는 한국과 멜본 큐 지역에서의 우리 가족 경험을 특정하고 있는데, 1941년 나의 어머니는 멜본으로 돌아와 그곳에 은행나무를 심었다." (내가 2007년 3월 큐에 있는 레이첼과 그녀의 남편 피터를 방문하였을 때, 그들의 책 위에 마른 은행나무 잎이 흩어져 있었다. 레이첼은 말하기를 제시는 그 잎들이 좀벌레를 쫓아낸다고 믿었다고 한다.)

1920년대 한국에서 십 몇 년째 살던 그녀는 심장에 문제가 생겨 심각한 병에 걸리기도 하였다. 그녀는 당시 오랫동안 집 안에만 있었다. 레이첼은 다음과 같이 회고하고 있다.

엄마의 성격은 가택연금과 같은 병환 생활을 애타하기보다, 그 시간에 한국의 역사와 문화를 깊게 연구하였다.

그녀는 또한 20세기까지 교육받은 한국인들의 문어인 한자에 대한 지식을 개선하였다. 중국어로 된 한국의 옛 도시 경주에 관한 역사문집인 『동경잡기』(東京雜記)를 번역하였고, 1986년 레이첼이 발행하였다. 1931년 1월 29일자로 된 책의 머리말에 제시는 겸손하게 말하고 있다. "이 책을 번역하는 자격을 말한다면 나는 좀 더 격렬한 의무에서 벗어나 시간을 가지게 되었고, 나의 모국어와 약간의 한국어 그리고 더 조금의 중국어에 관한 지식으로 진행한 작업임을 변론한다." 그녀는 또한 중국 공자의 책과 한국어 시도 번역하였다.

찰스 맥라렌은 1957년, 제시는 1968년 사망하였다. 한국을 향한 애정이 담긴 그들의 유산 일부분은 도서관이 인수하였는데 바로 제시 맥라렌의 책들이다.

7장

한국 여성의
새로운 시대

The Korean Woman's New Day

Mrs. Jessie McLaren

The Korean Mission Field
한국기독교사연구회
1923. 11.
236-239.

한국의 겨울 풍경을 보노라면, 산의 높은 곳이 얼음으로 빛나는 것을 볼 수 있다. 비슷하게도 한국 여성들에게는 관습의 얼음 손가락이 놓여있어, 그들이 집 밖의 생활에 본능적인 충동으로 뛰어들려는 것을 막고 있다.

한국의 첫 여성 소녀가 처음으로 미션 스쿨에 입학한 것은 1886년이다. 그녀는 사실 왕궁의 첩이었다. 한국에서의 선교사역은 1년이 채 안 되었고, 그러므로 교사와 학생들이 어떤 어려움을 겪었을지 상상이 된다. 그러나 이 해를 신한국 여성의 생일로 기억할 수 있을 것이다. 이렇게 계산을 한다면 그 여성은 이제 37살이 되었다. 이것은 본 주제 기술을 위하여 중요한바, 견고한 구세대들의 영향이 오늘의 젊은 여성이 가야 하는 길을 여전히 막고 있기 때문이다. 두 가지의 영향이 그러나 이 부정적인 영향을 중화시켜 왔는데 하나는 선교사들의 연민이고, 다른 하나는 이 땅 '할머니'들의 성격인 것 같은 비교적 열린 마음이 그것인데 이것은 다른 나라 특히 인도와 비교해서 그러하다.

구세대들의 배우려는 이 자세는 한국선교 사역의 특별한 특징인 연례 성경공부반에 잘 드러난다. 이 성경공부반은 지역의 환경에 따라 5일에서부터 두세 달까지 진행되었다. 이 성경반을 과대평가하기는 어렵다. 많은 사람들에게 이 반은 초중고 학교와 대학교 같은 의미가 있다. 전국에서 모여든 여성들이 이 성경반에서의 배움을 통하여 봉사의 삶을 살게 되었기 때문이다. 이 여성들에 의하여 이 시대에 어떤 일들이 이루어졌는지 잠시 보도록 하자.

이 일들 중에 성경부인들의 활동을 언급하지 않을 수 없다. 교육적인 배경은 부족하지만 그들의 단 한 가지 교과서와 같은 성경을 들고 도시와 시골의 많은 산을 넘으며, 때로 조롱과 모욕을 받으며, 자신들의 영혼에 영양이 되었던 영적인 양식 쌀 한 톨 한 톨을 전하며 다녔다. 마을의 많은 주민들에게 성경부인들은 교회, 학교, 외국인, 철도 그리고 도로 등 바깥세상을 알려주고 연결시켜주는 역할을 하였다. 지금은 그 주민들의 자녀들이 학교에서 가장 촉망받는 학생들이고, 학생들의 방학 후에 그 부모들은 경건히 기도하는 마음으로 자신의 아이들을 학교로 돌려보내며 또 다시 열심히 일을 한다. 성경부인과 관련되어 셀 수 없는 많은 자원봉사자들도 복된 소식을 다른 사람에게 들려주기 위하여 많은 날들을 헌신하였다. 한국에 사는 여성이면 누구나 집 안 여성들의 안채에 언제나 출입 가능한바, 기독교 여성들은 이 문화를 십분 활용하여 그들의 메시지를 어떤 이유로든지 집에만 머무르는 그들에게 전하였다. 이러한 방법으로 처음 복음을 접한 여성들 중에 이름난 회심자들도 있다.

겸손한 일꾼들의 이러한 사역 중에 하나가 기억에 남는다. 시골의 한 약한 교회가 자신들의 지도자를 잃어 더욱 약해져 가는 교회에 두 명의 가난한 여성이 있었다. 이들은 자신들의 마음을 드려 특별히 기도하기로 하였다. 그들은 언덕 위의 작은 교회당에 새벽 전 어둠 속에 도착하였다. 그들은 날이 밝아 오기까지 그곳에서 기도하였다. 이 둘은 많은 날을 함께 하며 하나님 자신이 이 약한 교회의 인도자가 되어 종들을 인도하여 달라고 함께 기도하였다. 그리고 하나님은 그들의 믿음을 높이셨다.

얼마 안 되어 이 작은 교회가 사람들로 꽉 찼다. "우리가 이 초신자들을 위하여 지도해야 한다"고 한 여성이 말하였고, 그들은 어린 이들을 위하여 야간반을 그리고 노인들을 위하여 특별반을 운영하였다. 교회당은 점점 비좁아졌으며, 새 교회당도 세우게 되었다. 오늘날 그 교회는 그 지역에서 가장 온 마음을 다하는 교회가 되었다. 두세 명의 여성이 흔들리지 않는 믿음으로 넘을 수 없는 장애물을 뛰어 넘어 그 마을 전체에 축복이 되는 비슷한 이야기들을 순회전도자라면 다 알고 있다. 한국 사회는 이러한 여성들의 정신으로 구성되어 있어 매년 새로운 진전이 있을 것으로 확신할 수 있다.

최근에 나는 한국의 여성 지도자들 중의 한 명에게 기도의 힘을 어디에서 배웠는지 물었다. 그녀는 말하기를 그녀가 6살에서 9살까지 과부가 된 어머니와 함께 살았는데, 종종 한밤중에 깨어 어머니가 나라의 구원을 위하여 혹은 특정한 개인이나 일을 위하여 기도하는 모습을 보았고, 그녀도 저항할 수 없는 그 무엇으로 일어나 무릎을 꿇고 어머니가 하는 기도를 따라 하였다고 한다. 어린아이의 호기심으로 기도가 응답되는지 기다렸고, 기도가 응답될 때 어머니 옆에서 자신의 영혼을 쏟아 감사하였다고 하였다. 이 간증은 프란시스 아시시와 어린 소년과 형의 이야기를 생각나게 한다.

1919년 당면한 한국의 문제에 한국은 영적인 준비가 되어 있었고, 그때부터 더한 어려운 교훈도 배울 수 있었다.

한국여성들을 위한 두 번째 큰 봉사의 장은 그들의 어린 자매에게 그들 자신이 받은 현대교육을 물려주는 것이었다. 이 교사들의 관대함은 성경부인들의 관대함과 같았다. 그들에게 요청되는 모든 일을 감당하기 위하여 종종 건강을 해치기까지 한다. 1921년에는 미션 스쿨에 오백 명 이상의 여성 교사가 있었고, 만 오천 명의 학생들이 지도를 받고 있었다. 학교에서는 종교적이고 세속적인 내용을 모두 제공하였는데, 공립학교 교사들 중에 많은 수가 기독교인이었다. 그리고 그런 경우 그 학교에는 기독교인 교사가 주일예배에 다른 교사나 학생들과 함께하였다. 한 순회전도자가 며칠 전에 보고하기를 한 명의 보통교사와 30명 학생들의 출현으로 지역의 한 교회가 기뻐하였다고 한다. 많은 교육받은 젊은 여성들이 교사로서 뿐만 아니라 기독교 교육자로 섬기고 있다.

그 교사 자신들이 자신의 일의 수준에 대하여 만족하지 못하고 있다는 사실은 만족스럽다. 매년 일반적으로 문해력이 증가되면서 교육의 수준도 자연적으로 높아지고 있고, 사립학교와 마찬가지로 여러 지역에 정부의 보통학교가 세워지고 있다. 교사에 대한 수요가 오랫동안 공급을 뛰어넘고 있고, 그 결과 비효율적인 교사들이 고용되었다. 이러한 상황이 계속되어서는 안 된다고 젊은 한국인들은 생각하고 있다. 이 상황은 여성들에게 더 높은 교육의 기회가 주어져야 한다는 질문을 하게 한다. 한국에는 현재 오직 하나의 대학 수준의 학교가 있고, 해외에서의 교육비용은 유학의 숫자를 낮게 하고 있으나 더 높은 기관에서 공부하기 위하여 일본으로 건너가는 숫자는 일정하게 유지되고 있다.

1922년에는 한국의 여성대학을 위한 토론이 진행되었고, 그런 학교의 필요가 증대함으로 그 결정을 더 이상 지연시킬 수 없었다. 현재 고등한 학교의 교사를 청빙하는 것이 어려운 문제이고, 좀 더 수준 높은 교육을 하려면 현재의 단계에서 더 높은 훈련의 과정이 있어야 한다는 것이 교사들의 솔직한 생각이다. 불행하게도 전 세계의 학생들처럼 그들은 돈도 없고 그들의 주장을 효과적으로 제안할 입장도 못되었다. 만약 공립과 사립학교 교사들이 좀 더 효과적으로 문제를 해결하려 하고, 학생들이 교육의 현실을 좀 더 위한다면 그 싸움은 반은 이긴 것이다.

졸업생은 교육 후 교육자가 되었거나, 결혼 혹은 집에서의 사회적 의무를 하고 있거나, 젊은 한국은 지도자와 삶의 영감을 찾고 있다. 학교 커리큘럼이나 가사 일에 더하여 이 젊은 여성들에게 여러 가지 사회적 직무를 기대하는데 야학 지도를 하거나, 주일학교 혹은 확대 주일학교를 하거나, 특별 교회 사역을 돕거나, 연례 학습에 성경부인과 협력하거나 그리고 전반적으로 더 어린 교인들과 믿지 않는 이웃을 양육하는 일 등이다.

시간이 지나고 교육적 제반 시설이 발전됨에 따라 기독교 부모들은 오늘의 일차적인 학생들을 제공하고 있다. 서울의 한 지도자격인 여학교는 보고하기를 55%의 학생들이 기독교 가정에서 왔다는 것이다. 출석부 550명의 여학생의 명단은 1886년 단 한 명의 학생과 얼마나 비교되는가!

지난 4년 동안 한국 전역에 여성단체들이 자발적으로 성장하고 있다. 졸업생들은 그들의 문 밖 세상과 연계할 필요성을 느끼고 있었고 많은 여성들을 이끌고 있었는데, 교회와 성경공부반이 그들의 훈련학교였다. 오늘날 한국의 대부분 중요한 도시에 여성 기독교 단체가 일하고 있다. 1922년에는 이러한 단체들이 중앙조직으로 연계되려는 노력이 있었다. 흥미로운 사실은 다른 나라의 선교지에서는 YWCA가 하나의 이상적인 단체로 출발을 하였지만, 한국에서는 기독교공동체의 자연스러운 성장으로 이루어진 것 같다.

1922년 6월의 한 대회(조선 여자 기독교 청년회 연합회 창립총회 _역자 주)에 60명의 대표가 참석하였는바, 한국 전역의 고등한 여학교와 여성 기독 단체 대표들이었고, 이들은 한국의 여성들의 일에 관계된 다양한 당면 문제들을 논의하였다. 그중에는 정신학과 윤리학에 관한 특별한 학업도 포함되었다. 이 대회의 정신은 깊이 종교적이었고, 참석자 모두는 오늘날 한국의 필요에 관하여 새로운 영감과 명확한 생각을 가지고 집으로 돌아갔다.

이 대회에서 나온 한 가지 결정은 한명의 실무자를 두 달 동안 임명하여 한국의 주요한 단체들을 방문하고, YWCA의 이상을 구현하는 임시규정을 여성단체와 학교에 제시하는 일이었다. 임명된 총무는 가는 곳마다 동정적으로 환영을 받았고, 많은 경우 지방 학교 단체들이 제안된 연합조직에 함께하기로 결정하였다.

다음해인 1923년 또 한 번의 대회가 개최되었는데, 이 모임에서는 전국적인 조직을 형성하는 안건과 그 규정을 통과시키는 안건에 투표하기로 준비된 것이다. 거의 백 명의 여성이 이 대회에 참석하였고, 이 모임에서 한국의 전국조직을 확인하는 결과를 가져왔다.

오늘의 한국 여성은 그들 자매들의 영적이고, 교육적이고 그리고 사회적인 유익을 위하여 협의할 수 있다. 또한 육체적 유익을 위한 내용도 일부 상의할 수 있다. 한국의 여성 의사의 수는 크지 않지만, 그들 중에는 사립병원 혹은 선교병원과 연관하여 일하고 있다.

한 가지 흥미로운 사실은 1886년 첫 여자 학생이 있었던 해에 첫 여성 의사도 한국에 왔다는 사실이다. 한국 남성 졸업생 의사가 일을 시작한 지 8년 전에 한국인 여성 의사가 서양 의료를 시작한 것이다. 그리고 이 나라의 교육이 전반적으로 더 높은 수준으로 진전되면 여성 의과 학생들의 주장이 더 가치 있게 관심을 받을 것이다. 병원의 남성 병동에 여성 간호사는 적절치 않다고 아직 한국 사회는 보고 있지만, 그러나 여성과 어린이들 사이에서는 훌륭한 일을 수행하고 있다. 그들은 실무와 효과적인 의료행위를 위하여 간호사협회를 조직하였다. 젊은 한국을 위하여 두드러지게 필요한 것은 적절한 교재이다. 그러므로 1922년 기독문학협회의 책 중에 두 권의 책을 한국 여성이 저술했다는 사실은 만족할 만하다.

8장

한국의
첫 여성 대회

The First Korean Women's Summer Conference

Mrs. Jessie McLaren

The Korean Mission Field
한국기독교사연구회
1922. 9.
201-203.

1922년 6월 13일, 여름 한국의 첫 여성 대회(조선 여자 기독교 청년회 연합회 창립총회 _역자 주)가 서울에 있는 여성의 성경훈련학교에서 열렸는데, 감사하게도 그곳에서 장소를 빌려주었다. 몇 년간의 준비를 통하여 이번 대회가 열리었고, 이런 대회를 위한 초기 비전의 공유와 기도를 첫걸음으로 하여 오늘의 이 대회를 이룰 수 있었다. 그리고 이 대회는 한국 여성들에 의하여 계획되고 조직되고 실행되었다. 이 대회 두 명의 책임 실무자는 최용오 총무와 헬렌 김(김활란 _역자 주) 회장으로, 이들은 올해 봄 북경에서 열린 세계 학생기독연맹 모임에 대표로 참석을 하였었다. 이 모임에서 그들은 새로운 시각과 비전 그리고 재능을 전체적인 한국 대회에 가져올 수 있었다.

　　본 대회 참석에 초청하는 글이 전국의 공립과 사립의 중고등학교에 보내어졌고, 최근에 많이 생겨난 여성단체들에도 보내어 졌다. 실제 대표단은 60명이었고, 이들은 전국 각처에서 선출되었다.

6월은 한국 농부에게 제일 바쁜 달이기도 한데, 보리는 추수를 기다리고 있고 논에는 모를 내야 하는 시기이다. 마찬가지로 이 대회는 한국 여성들의 옥토에 기독교 교육의 씨를 뿌리고, 기독교 이상을 심는 중요한 순간이었다. 이 대회가 시작됨으로 한명 한명의 땅이 얼마나 비옥한지 깨달을 수 있었는바, 자신에 대하여 가치 있고 유머스럽게 웃을 수 있었고, 애국의 용광로 속에서 하나님의 나라를 먼저 구할 수 있었고, 공자의 예절 속에 성장하여 서양의 공격성을 종종 부끄럽게 하였고, 기독교 열정으로 주님을 섬기려 하였다. 이상은 대회에 참석한 사람들과 지도자들 속에서 찾아볼 수 있는 몇 가지 특성이었다.

이 프로그램은 교육적으로 준비되었으며 영감적이고, 사회적이고, 윤리적이고, 정신적인 강의도 포함되었다. 이 강의들은 진 씨, 노 씨 그리고 홍 씨에 의하여 인도되었고, 참석자들은 열정적으로 참여하였다. 각 주제의 현대적 이상은 한국 여성들에게는 익숙지 않은 의상에서 표현되었다. 한국 현대사회의 환경에 원칙을 적용하는 문제가 각 주제들 중에 마지막 강의 주제로 형성되었다. 아펜젤러 양이 세상 속 여성의 직업에 관한 강의를 하였는데, 이 내용은 시기적으로 적절한 것으로 우리들의 귀를 열게 하고 열정을 불러일으켰다.

본 대회의 노래집은 음악을 담당한 메리 영의 지도하에 준비되었다. 매일 아침 한 시간은 대표들의 보고가 있었고, 마지막 이틀은 대회에서 제기된 안건들을 다루도록 배정되었다. 한국 사회의 필요에 맞고, 국제 YWCA 이상에 부합하는 회칙이 만들어졌는바 대회의 일치된 마음의 표현이었다. 총무가 임명되어 일의 한 부분으로 앞으로 여러 지역을 방문하도록 하였고, 또한 내년 대회를 준비하도록 하였는데 한국을 위한 YWCA 조직에 대한 질문과 확실한 실행 결정을 하도록 하였다.

한국 YWCA의 사역을 외국인들의 감독 하에 두는 시대는 지났다고 여기어졌고, 한국의 젊은 여성들은 그들의 민족을 위하여 다른 나라에서처럼 YWCA를 통하여 같은 도움을 줄 수 있었다. 이러한 결정을 내려야 하는 어려움을 포함하여 경험의 부족, 재정의 부족, 불완전한 교육 등을 극복하기 위하여 젊은 여성들은 하나님이 각자를 인도하시는 대로 그들 자신이 훈련을 받아야 하고, 그들의 수입에서 재정을 내야 하고, 공부를 계속하여야 한다. 이 사역을 위하여 자신의 개인적인 책임을 알고 있지만 그들은 그것을 부인하지 않았다.

이러한 각자의 책임의 깨달음과 동시에, 또 한 가지는 다른 나라에서의 YWCA 활동 경험과 실제적인 실무의 지식을 가진 사람들이 사심 없이 협력하여야 성공이 가능하다는 깨달음도 있었다. 한 지도자는 말하기를 "이 대회는 선교사들의 기도로 가능하였습니다. 그 기도 없이는 이 대회가 모이지 못하였을 것입니다. 우리를 위한 신실한 그들의 기도를 통하여 되어져야 할 일들이 시작되었습니다." 여기에 우리에게 주어지는 영적인 능력의 도전이 있다!

본 대회의 정신은 매우 영적이었다. 아침 6시 반 경건회 전에 건물 뒤의 소나무 동산에는 하얀 옷을 입은 사람들이 묵상 중에 읽고 기도하는 모습이 보였고, 틴슬리 양은 우리의 사적이고 공적인 생활에 우선인 그리스도에 관한 명상을 인도하였다. 그리고 아침식사 시간이었고 우리가 아침밥을 놓고도 우리의 기도를 실천할 수 있었다. 일하는 사람을 두어 준비하게 하는 것이 아니라 우리 각자가 주인이 되어서, '먼저 온 사람이 먼저 먹는 것'이 아니라 '먼저 온 사람이 나중에 온 사람들을 섬기는' 모습이었다. 식당에서의 기억도 채플에서의 기억만큼 귀하였다. 아침 식사 후에는 헬렌 김의 지도하에 간단한 연합 모임을 가졌는데, 아침식사 시간의 친절함으로 그녀의 메시지는 우리 가슴을 더욱 울리었다.

그리고 세 그룹으로 나누어 기독교 변증론, 주님의 인성 그리고 성경의 여성들에 관한 성경공부를 하게 되었다. 오후에는 주로 레크리에이션 시간을 가졌고, 하루는 동산을 넘어 조선기독대학교까지 걸었다. 돌아올 때에는 여자대학교로 제안된 부지를 통하여 왔는데, 우리는 그곳의 소나무 아래 앉아 건축이 시작되는 미래를 상상하며 노래를 불렀다. 지금의 유치원과 초등학교에 다니는 여학생들이 장차 이 대학교에서 교육을 완성할 것이다.

저녁기도회는 감동적인 축제였다. 보통 이 모임은 석양을 볼 수 있는 언덕에서 진행되었다. "우리가 보지 못하는 새로운 날을 건설하라"가 이 시간 메시지의 한 부분이었다(편집자 주: 이 모임은 맥라렌 여사 자신이 인도하였고 대회에 큰 도움이 되었다). 백 선생과 진 선생이 인도한 저녁 모임은 우리 주님 예수 그리스도의 사랑에서부터 그를 향한 우리 모두의 헌신 그리고 우리 삶을 지배하는 힘으로 주님의 영을 받아들이는 내용이었다.

개회의 밤에 고학년의 입에서는 기도가 흘러나왔다. "우리들의 영혼에서 긴장과 스트레스를 없애주시고, 우리의 일관된 생활에서 당신의 평화의 아름다움을 고백하게 하소서."

'긴장과 스트레스'로 시작된 기도는 "주님이 나를 축복하기 전에는 당신을 보내지 않겠나이다"로 이어졌다. 그리고 예배 후에도 도서관이나 다른 곳에서 간청의 목소리가 하나로 흘러나왔다. 자신의 무거운 짐을 벗어버리고 주님의 기쁨 속에 거하는 것보다 더 즐거운 일이 있을까? 내가 이 글을 쓰면서도 떠오르는 것은 대회 시작부터 마지막까지 함께한 얼굴들이다. 모세 얼굴의 광채가 아니라 이들은 내면에서부터 뿜어져 나오는 빛이 있었다.

YWCA가 한국에 오도록 생각하고, 기도하고, 일하였던 사람들에게 마침내 그 순간이 왔다. "드디어 시작되었다." 아직 공식적인 조직은 아니지만(1924년에 가서야 한국 YWCA는 세계 YWCA에 가입하게 된다 _역자 주), 그 살아있는 영은 여기에 있다. 이 대회 실무자들의 모토는 다음과 같이 보였다. "우리는 모두에게 봉사하기 위하여 최선을 다한다." 대회 기간 동안의 식사는 직원들에 의하여 효과적으로 이루어졌다.

이 모든 행사의 가장 놀라운 시간은 마지막 날 오후에 있었다. 두 시간 동안의 토론을 거쳐 실제적인 제안들이 이루어졌고, 가장 급박한 문제들을 해결하기 위하여 위원회가 임명되었다. 이 문제들 중에는 시대가 요구하는 것에 응답할 예절 목록, 어린이들을 위한 도서 확보 그리고 집창촌, 첩, 이혼에 관한 질문에 계몽적인 공공 의견 형성, 신부가 더 이상 인형이 아닌 시대의 결혼 예복 발전 등이었다. 최 씨는 이 토론 전반에 걸쳐 주도성과 열정을 보였고, 한국 여성의 새로운 시대로 우리를 이끌었다.

한국의 계몽된 너그러운 남성들은 도덕적 지원과 경제적 후원을 포함한 강의나 다른 봉사를 통하여 도움을 주었는데 본 대회는 그들에게 큰 빚을 지었다. 그들은 기꺼이 기도에 동참하여 전체 공동체에 큰 도움을 주었고, 이것은 하나님의 섭리의 결과라고 생각되었다.

이글을 마치면서 개인적인 소회도 있다. 이 대회 회원들의 깊은 호의는 행복한 동지 의식을 갖게 하였고, 그 환영의 따뜻함은 내가 한국인이 아니라는 사실을 잊게 만들었다. 그러나 하루는 이 마법이 실패하였는데, 그날은 우리가 소풍을 떠나 한 교도소 옆을 지나던 때였다. 그곳에는 수감자들이 죄수복을 입고 일하고 있었다. 우리가 그들을 가까이 지나가면서 우리 여성들이 노래를 부르기 시작하였다. "하나님을 더 가까이, 하나님을 더 가까이." 이때 우리 여성들에게서 나는 강제로 떼어졌고, 그들은 나에게는 아직 알려지지 않은 깊은 경험을 하였다(필자는 그 깊은 경험이 무엇인지 밝히지 않고 있으나 수감자들로부터 심한 욕설을 들은 듯하다 _역자 주). 모욕을 받고 고난을 당하여도 그것은 가치 있고 즐거운 것이었다.

한번은 예레미야 애가에서 인용을 할 기회가 있었다. 놀랍게도 책상 반대편에 있던 키 큰 한 여성이 그 인용을 듣고 계속하여 애가서를 읽었다.

"우리를 괴롭히거나 근심하게 하는 것은 그 분의 본심이 아니다. … 지나온 길을 돌이켜보고 우리 모두 주님께로 돌아가자… 나의 눈에서 눈물이 냇물처럼 흐릅니다. … 주님께서 돌아보시기를 기다립니다. … 주님께서 내게 가까이 오셔서 두려워하지 말라고 격려하셨습니다"(애가 3:33-57).

이 말씀을 어떻게 아느냐고 그녀에게 묻자 얼굴이 발개지면서 그녀는 대답하였다.

"내가 감옥에 있을 때 나에게 큰 위로가 된 말씀입니다."

이 사람들 가운데 사역하라고 세우신 하나님 앞에 우리는 겸손히 함께할 뿐이다.